I Believe in VISION

Kenneth E. Hagin

예수님의 환상으로 그 삶과 사역이
극적으로 변화된 한 사람의 흥미진진한 이야기

나는 환상을 믿습니다

케네스 해긴 지음 | 김진호 옮김

믿음의말씀사

I Believe in VISION
by Kenneth E. Hagin

ⓒ 1984 RHEMA Bible Church
AKA Kenneth Hagin Ministries, Inc.
P. O. Box 50126 Tulsa, OK 74150-0126 U.S.A.
All Rights Reserved.

2004 / Korean by Word of Faith Company, Korea.
Translated and published by permission
Printed in Korea.

나는 환상을 믿습니다

1판 1쇄 발행일 · 2004년 12월 10일
1판 8쇄 발행일 · 2024년 11월 4일

지은이 케네스 해긴
옮긴이 김진호
발행인 최순애
발행처 믿음의말씀사
2000. 8. 14 등록 제 68호
우)16934 경기도 용인시 기흥구 신정로 301번길 59
TEL. 031)8005-5483 FAX. 031)8005-5485
http://faithbook.kr

ISBN 89-90836-15-8 03230
값 12,000원

본 저작물의 한국어판 저작권은 케네스 해긴 목사님을 통해 FAITH LIBRARY와의 독점 협약으로 믿음의말씀사가 소유합니다. 저작권법에 의해 한국 내에서 보호를 받는 저작물이므로 무단 전재와 복제를 금합니다.

| 목차 |

서문 _ 7

역자 서문 _ 8

01 어떻게 하나님께서 임박한 죽음에서 나를 살리셨는가 _ 13

02 이리로 올라오라 _ 75

03 혹시(If) - 의심의 증표 _ 107

04 사탄이 우리의 삶에 어떻게 영향을 끼치는가 _ 115

05 네 기도에 응답하려고 왔다 _ 155

06 천사의 방문 _ 159

07 병원의 방문객 _ 165

08 찬양의 강물 _ 207

09 천사의 메시지 _ 213

| 서문 |

　이 책에 내가 주님으로부터 받은 환상을 모두 기록한 것은 아니지만, 중요한 환상들은 대부분 기록하였습니다.

| 역자 서문 |

    열일곱 살 소년 설교자로 시작하여 2003년 10월, 87세의 생애를 마칠 때까지 해긴 목사님은 시작은 작고 약했으나 67년에 걸친 그 분의 사역의 영향력은 갈수록 커져만 갔습니다. 한 사람이 하나님의 뜻을 따라 온전히 순종하여 섬길 때 맺는 풍성한 열매에 감탄하여 특별한 비결을 묻는 사람들에게 그 분의 대답은 의외로 항상 단순했습니다. "나는 방언으로 많이 기도하며, 성령의 음성을 듣고 기쁨으로 순종하려고 했습니다."

    그 분이 하나님의 낯을 구할 때 하나님은 언제나 신실하게 말씀의 약속대로 나타나셨고 그는 하나님께 구한 것을 받았습니다. 목사님이 일생 동안 환상 가운데 만나셨던 예수님에 대한 특별한 체험의 기록인 이 책은 그 분이 쓴 책 하나하나를 이해하는 데 큰 도움이 됩니다. 성령님께서 지혜와 계시의 영으로 깨닫게 해 주시고 시행착오를 통해서도 배웠지만, 그래도 죽음을 기다리던 침대에서 약속의 말씀 한 구절을 믿고 일어난 후 점차적으로 더해가는 계시의 단계마다 주님이 나타나셔서 직접 가르쳐 주신 부분들이 결정적인 역할을 한 것으로 보입니다.

목사님은 이런 특별한 주님과의 만남을 구하거나 기대하지도 않았었다고 말씀하고 있습니다. 그러나 목사님의 글을 읽노라면 역시 하나님은 자신을 부지런히 찾는 자에게 상 주시는 분이라고 하신 성경의 약속의 말씀에 신실하신 분임을 알 수 있습니다. 20세기에 들어서면서 오순절 운동이 시작된 이후 많은 주의 종들이 주님을 사모하고 구하여 특별한 계시와 환상과 수많은 치유의 능력의 도구로 쓰임 받았습니다. 그러나 기사와 표적을 행하며 한때 크게 쓰임 받던 사람이 그의 맡은 경주를 다 마치기 전에 타락하거나 교만해지거나 경건을 이익의 재료로 삼는 일로 인하여 크게 쓰임을 받았던 만큼 넘어짐이 컸던 종들도 많았음을, 우리는 안타까이 지켜보았습니다.

빌리 그레이엄 목사님 같은 분은 많은 미국의 전 현직 대통령들이 중요한 대사를 놓고 힘든 결정을 하기 전에 목사님을 모셔다 말씀을 듣고 함께 기도를 함으로써 명실 공히 미국의 대표 목사님 역할을 하고 계십니다. 그러나 소위 성령 운동, 은사주의, 오순절 계통에는 케네스 해긴Kenneth E. Hagin, 오랄 로버츠Oral Roberts, 티 엘 오스본T. L. Osborn, 잔 오스틴John Osteen, 레스터 섬럴Lester Sumrall 같은 목사님들의 이름이 떠오릅니다.

케네스 해긴 목사님의 책들은 제가 영적으로 매우 갈급할 때 성령 충만을 받고 성령님의 인도받는 새로운 세계로 들어가도록 하는데 결정적인 역할을 하였습니다. 목사님을 통해 받은 은혜와 진리는 나의 그리스도인으로서의 삶을 바꾸어 놓았을 뿐 아니라 제가 목회자로 부름 받은 소명을 감당하는 데 큰 도움이 되었습니다. 본인들은 인정하든지 않든지 목사님의 책과 테이프, 라디오 방송을 통하여 믿음은 물론 기도, 신유, 재정분야의 축복, 성령의 인도 등에 관해서 성경의 진리를 배우지 않은 오순절 계통의 영어권 목회자나 성도는 거의 없을 것입니다. 60여 년간 사역을 하고 보니 이제는 그 분의 가르침을 통해 은혜 받은 사역자들의 이름과 교회, 테이프와 방송이 더 영향력도 크고 유명한 것을 볼 수 있습니다. 그러나 이런 분들도 실제로 말씀 전하는 것을 잘 들어보면 그들의 영적인 스승이 바로 소위 "믿음의 말씀 운동Word of Faith Movement"의 아버지 격인 해긴 목사님인 것을 쉽게 알 수 있습니다.

텍사스 시골에서 태어나 선천성 질병으로 의사로부터 사망선고를 받은 어린 소년이 오직 성경을 읽고 믿음으로 병 고침을 받은 후 전도자, 목사, 교사, 예언자로 주님의 교회를 섬겼을 뿐 아니라 개교 이래 30년이 넘도록 레마 성경 훈련소RHEMA Bible Training Center를 통해 수많은 하나님 나라의 일꾼들을 훈련시켜서 온 세상에 보냄으로써 거두게 된 추수의 열매는 오직 하나님만 아실 것입니다. 그러나 개인적으로 저는 사역의 많은 열매보다도 오히려 수 많은 체험과 표적과 계시에도 불구하고 오직 성경에 기록된 말씀의 권위 아래 겸손히 순종함으로써 좌로나 우로 치우치지 않고 오직 주님의 말씀에 순종하며 성령님과 동행한 목사님의 삶이 더 귀한 사역이었다고 생각합니다. 사도 바울도 많은 선생은 있어도 아버지는 적다고 말씀하셨는데 목사님은 자신이 책이나 설교를 통해 가르치신 어떤 것보다도 하나님과 그 분의 말씀에 대한 절대적인 믿음과 기도 그리고 사랑의 사람으로 제자들에게 더 기억될 것입니다.

좋은 번역판을 펴내는데 수고한 우리 교회의 동역자 김상현 진도시와 나의 사역의 평생 파트너인 아내에게 감사를 드리며, 이 땅의 수많은 주님의 자녀들이 자신을 향한 하나님의 계획을 발견하고 믿음과 사랑으로 겸손히 그 꿈을 이루는 데 도움이 되기를 기도합니다.

2004년 늦가을

김진호 목사
새로운 피조물 미니스트리 대표
예수선교사관학교장

01

어떻게 하나님께서
임박한 죽음에서 나를 살리셨는가

"아기가 죽었습니다." 분만을 돕던 의사가 말했습니다. 나는 1917년 8월 20일, 텍사스 주의 맥킨니의 이스트 스탠디퍼 거리의 900번 구역에서 미숙아로 태어났습니다.

나의 외할머니는 내가 태어날 때 그곳에 계셨는데, 당시 내게는 어떤 생명의 징후도 없었다고 훗날 말해주었습니다. 의사는 내가 죽었다고 생각해서 나를 침대 발치에 내려놓고는, 할머니와 함께 어머니를 돌봤는데, 어머니는 매우 심각한 상태였습니다. 어머니는 내가 태어나기 몇 주 전부터 계속 아팠던 것입니다.

45분 정도 지나서 어머니는 차도를 보이기 시작했고, 의사는 그의 사무실에 달려가서 몇 가지 필요한 물품들을 가져오겠노라고 할머니에게 말했습니다. 그가 가고 없는 동안, 할머니는 나를 안고 나갔습니다. 갑자기 할머니는 어떤 생명의 조짐을 감지했습니다. 할머니는 나를 씻기고 작은 옷을 입혔습니다. 하지만 표준 크기의 기저귀는 내게 너무 컸기 때문에, 할머니는 임시로 기저귀를 만들어 사용해야 했습니다. 그리고 나서 할머니는 내 몸무게를 쟀는데, 작은 옷과 기저귀를 차고도 겨우 2파운드(0.9kg)가 간신히 넘을 정도였습니다.

오늘날 발전된 의학 기술과 지식으로도 2파운드가 안되는 미숙아는 인큐베이터를 사용한다고 해도 살아남을 가능성이 매우 낮습니다. 나는 인큐베이터도 없는 시절에 병원도 아닌 집에서 태어났기 때문에, 내가 살아남을 가능성은 거의 존재하지 않았습니다.

'아기는 죽었습니다'

잠시 후 의사는 돌아왔고, 할머니는 아기에게 무엇을 먹일지 그에게 물어보았습니다.

"아기는 죽었습니다. 내가 이미 진찰했어요." 의사가 말했습니다.

내가 살아있고 나를 씻기고 입혔다고 할머니가 말하자, 의사는 주머니에 손을 넣어 유아용 유동식 샘플 봉지를 꺼냈습니다. "이걸 먹이세요." 의사가 말했습니다. "이 정도 음식도 다 먹지 못하고 아기는 죽을 것입니다."

할머니는 유동식을 타서 나를 먹였습니다. 유동식이 다 떨어진 후 할머니는 우유를 먹였는데, 안약 넣는 기구로 한 번에 한 방울씩 나를 먹였습니다. 할머니는 그렇게 조그만 사람은 본 적이 없노라고 말했는데, 할머니가 가지고 있던 큰 빗 하나랑 비슷한 크기였다고 했습니다. 때로는 우유 한 방울로도 목이 메어 질식해서 파랗게 질리곤 했다고 했습니다.

나의 어린 시절은 다른 아이들과 달랐는데, 나는 기형 심장을 가지고 태어나서 보통의 활동적인 생활을 할 수 없었기 때문입니다. 전혀 움직일 수 없었던 것은 아니었지만, 나의 활동은 제한되었습니다. 나는 다른 아이들처럼 뛰어 놀 수 없었습니다.

그 당시 아이들은 7살까지는 학교를 가지 않았습니다. 그러나 나는 6살 때 읽는 것을 배웠습니다. 나의 형은 이미 학교를 다녔기 때문에, 나는 형의 책들을 읽었습니다. 나는 내 몸을 사용할 수 없었기에, 내 정신을 사용했습니다.

학교를 다니기 시작하면서, 나는 아이들이 더 약한 아이를 이용해 먹는 경향이 있다는 것을 금방 알게 되었습니다. 그들이 얼마나 덩치가 컸는지 말할 필요가 없겠지요. 나는 스스로를 지키기 위해 싸울 수 없었는데, 숨을 못 쉬고 파랗게 질려 거의 기절할 뻔하곤 했기 때문입니다. 그래서 나는 대등하게 겨룰 수 있는 무언가를 가져야겠다고 결심했습니다.

우리 반에는 운동장에서 놀 때 불량배처럼 구는 녀석이 하나 있었습니다. 3년을 유급하는 바람에 그는 우리보다 세 살이 더 많았습니다. 그는 남자아이든 여자아이든 누군가에게 달려들어 때려눕히곤 했습니다. 내가 싸울 수 없다는 것을 알고서는 나를 노리개로 삼곤 했습니다. 어느 날 나는 길이가 50cm 정도 되는 2×4인치 각목을 발견했습니다.

다음 번 그가 나를 때렸을 때, 나는 그 각목을 들고 그에게 몰래 다가가 그의 머리를 갈겼습니다. 그는 40분 동안 실신해 있었습니다. 그는 곧 나를 내버려둬야 한다는 것을 깨달았습니다. (싸울 수 없을 때는 어떤 방법으로든 자신을 보호하는 것을 배워야 합니다. 나처럼.) 나의 형도 나와는 싸우지 말아야 한다는 것을 배웠습니다. 한번은 내가 망치로 그의 머리를 때려 45분 동안 의식을 잃었던 적이 있었기 때문입니다.

성장하는 시기에도 나는 늘 내 또래에 비해 아주 작았습니다. 형은 내게 몸무게가 40킬로그램이고, 키도 10살 소년정도 밖에 되지 않는 우리가 아는 어떤 56살 먹은 아저씨보다 결코 내가 더 크게 자라지 않을 것이라고 말하곤 했습니다. 형이 뭔가 자기가 원하는 것을 내게 시킬 때면, 만약 내가 그 일을 하지 않으면 내가 12살이 되면 여자아이로 변할 거라고 말하곤 했습니다. 물론 그렇게 말할 때는 언제나 반 블록정도 떨어져 도망가곤 했는데, 왜냐하면 내가 손에 잡히는 대로 형에게 휘두르리라는 것을 형은 알았기 때문입니다.

내가 아주 어렸을 때, 우리 아버지는 엄마와 어린 우리를 남겨두고 떠났는데, 엄마가 우리를 양육하고 돌보는 책임을 떠맡게 되었습니다. 내가 9살 때, 엄마의 건강이 아주 안 좋아서, 우리를 돌보는 데 도움이 필요했기 때문에 나는 외갓집에 가서 살게 되었습니다.

15세에 병상에 눕다

내가 15살 때, 16번째 생일을 겨우 4달 앞두고, 나는 완전히 병상에 누워 버렸습니다. 다섯 명의 의사가 나를 맡았었는데, 그 중의 한 명은 메이요 클리닉[1] 출신의 숙련된 의사였습니다.

---

[1] the Mayo Clinic : Mayo 형제(William James Mayo, Charles Horace Mayo)가 세운 미국의 유명한 병원(역자주)

나의 외할아버지는 부자는 아니었지만, 어느 정도 재산은 있는 분이었습니다. 당시는 대공황 시절이라 재산이란 것이 대단한 가치가 있던 것은 아니었지만, 할아버지는 약간의 재산을 가지고 있었습니다. 만일 메이요 클리닉의 의사들이 나를 도울 수만 있었다면 할아버지는 나를 그리로 보냈을 것입니다. 그러나 의사들은 메이요 출신의 그 의사가 미국에서 가장 훌륭한 의사 중의 한 명이며, 만약 그가 가망이 없다고 했다면, 메이요 클리닉까지 가는 것은 시간과 돈의 낭비일 뿐이라고 했습니다. 의사들은 내게 희망이 전혀 없다고 했습니다. 내가 살 가능성이 백만분의 일도 되지 않는다고 했습니다. 의술에 있어서 그들이 아는 한 나와 같은 경우 16세를 넘긴 경우가 없었습니다.

하루 하루, 한 주 한 주, 나는 병상에 누워 내게 도대체 무슨 일이 일어나고 있는지 생각했습니다. 의사들이 내게 말해주지 않았기 때문에 나는 뭔가 내 심장에 문제가 있다는 것은 알았지만, 정확히 그것이 무엇인지 알지 못했습니다. 내 심장에 두 가지 심각한 기질적 문제가 있었다는 것을 나중에서야 알았습니다.

내 몸은 부분적으로 마비되었습니다. 내 침대 옆에 물잔을 보면서 그것을 마시고 싶은데도 내가 왜 그것을 잡을 수 없는지 이해하지 못하던 것이 기억납니다. 나의 모든 정신력을 쏟아

45분이나 집중한 후에 내 손을 그 위로 뻗을 수 있곤 했지만, 그 물잔을 들어 올릴 수는 없었습니다. 의사들 중 하나는 내가 전신 마비의 문턱에 있으며, 결국 완전히 마비될 것이라고 말했습니다.

때로는 아무것도 알지 못한 채 3주가 지나가 버리곤 했습니다. 어머니와 할머니가 나를 먹여주고 돌보아 주셨는데, 나는 아기처럼 스스로는 아무 것도 할 수 없었기 때문입니다. 나는 결국 그들이 내게 말하는 것도 거의 듣지 못하는 지경에 이르렀습니다. 내 귀에 입을 대고 있는 힘껏 큰 목소리로 외쳐도 내가 거의 듣지 못했었다고 훗날 내게 말해주었습니다. 마치 그들이 한 블록은 떨어져 있는 것 같았습니다. 나는 현실과 비현실의 사이 어딘가에 있었습니다.

나는 지옥에 갔습니다

병상에 눕던 첫 날, 나는 내 마음을 주님께 드리고 거듭났습니다. 그 때는 1933년 4월 22일 토요일 오후 7시 40분이었고, 텍사스 맥키니의 노쓰 칼리지 거리 405번지의 남쪽 침실에서였습니다.

그날 저녁 일찍, 내 심장 박동이 멎었고, 나의 몸 안에 살고 있던 내 영의 사람이 떠나고 말았습니다. 죽음이 내 몸에 덮쳤을 때, 할머니와 내 동생, 그리고 어머니는 방에 앉아 있었습니다. 나는 "잘 있어." 한 마디 말 할 시간 밖에 없었습니다. 그러고 나서 내 속사람이 내 몸으로부터 급히 빠져나와 죽어 누워있는 내 몸을 떠났습니다. 눈동자는 고정되고 살은 차갑게 식었습니다.[2]

지상의 빛이 어두워져 사라질 때까지 나는 밑으로, 밑으로 내려갔습니다. 내가 기절했었다는 얘기가 아닙니다. 의식을 잃었다는 얘기가 아닙니다. 나는 내가 실제로 죽었었다는 증거를 가지고 있습니다. 내 눈동자가 고정됐고, 내 심장 박동이 멎었으며, 내 맥박이 멎었던 것입니다.

성경은 우리에게 구원 받지 못한 이들은 바깥 어두운 데로 내어쫓겨 거기서 슬피 울며 이를 갊이 있을 것이라고 말씀합니다 (마 25:30). 내가 더 내려가면 내려갈수록, 더 어두워졌고, 결국 모든 것이 새까매졌습니다. 내 코앞에 있는 내 손도 볼 수가 없을 정도였습니다. 그리고 내가 더 내려가면 내려갈수록, 더

---

[2] 이 경험에 대해 더 자세한 이야기를 원한다면 해긴 목사님의 소책자 "나는 지옥에 갔다 왔습니다"를 보십시오.

뜨거워지고 더 숨이 막혔습니다.

마침내 저 아래 저주 받은 자들의 동굴 벽에 어른거리는 빛을 볼 수 있었습니다. 그 빛은 지옥의 불길에서 나오는 것이었습니다. 하얗게 일렁이는 거대한 불덩어리가 마치 자석이 쇠붙이를 끌어당기듯 나를 잡아 당겼습니다. 나는 가고 싶지 않았지만, 마치 쇠붙이가 자석에 찰싹 달라붙는 것처럼 내 영은 그곳으로 끌어당겨졌습니다. 나는 그것에서 눈을 뗄 수 없었습니다. 그 열기가 내 얼굴을 때렸습니다. 여러 해가 지났지만, 나는 지금도 그것을 그 당시처럼 선명하게 볼 수 있습니다. 방금 벌어진 일처럼 내 기억에 새롭습니다.

나는 지옥의 입구에 다가갔습니다. 사람들은 물어봅니다. "지옥의 입구는 어떻게 생겼던가요?" 나는 그것을 묘사할 수가 없습니다. 왜냐하면 뭔가 비교할 만한 것이 있어야, 그것을 묘사할 수 있을 테니까요. (만약 어떤 사람이 평생 나무를 본 적이 없다면 그에게 나무가 어떻게 생겼는지 말해주는 것이 불가능한 것과 마찬가지입니다.)

입구에 가까이 가면서 나는 잠시 멈춰 섰는데, 거기 들어가고 싶지 않았기 때문입니다. 한 발자국, 한 걸음만 더 가면, 1m만 더 가면, 영원히 그 끔찍한 곳을 빠져나올 수 없으리라는 것을 감지했습니다.

그 구덩이의 바닥에 닿았을 때부터 어떤 영적인 존재가 내 옆에 있다는 것을 알게 되었습니다. 나는 그것을 쳐다보지 않았는데, 지옥의 불에서 시선을 뗄 수가 없었기 때문입니다. 그러나 내가 멈춰 섰을 때, 그 괴물은 내 팔에 손을 얹고는 나를 안으로 이끌었습니다.

바로 그 순간, 흑암 위 저 높은 곳에서, 지상 저 위에서, 하늘 저 위에서, 한 음성이 들려왔습니다. 나는 그 음성이 하나님인지, 예수님인지, 천사인지, 누구인지 알지 못합니다. 나는 그를 보지 않았고, 그가 뭐라고 말했는지 알지 못합니다. 왜냐하면 그는 영어로 말하지 않았고, 어떤 다른 언어로 말했기 때문입니다.

그가 말했을 때, 그의 말이 저주받은 자들의 지역에 울려 퍼져, 바람 속의 나뭇잎처럼 뒤흔들며, 그 괴물로 하여금 내 팔에서 손을 떼게 했습니다.

나는 돌아서지 않았지만, 보이지 않는 어떤 힘이 다시 칠흑 같은 어둠의 그림자 속으로 그 불과 열기에서 멀리, 마치 빨아들이듯 나를 끌어당겼습니다.

나는 그 구덩이의 꼭대기에 다다라 지상의 불빛들을 볼 때까지 솟아오르기 시작했습니다. 나는 조부모님의 집을 보았고, 벽을 통과해서 침실로 들어갔는데, 그것은 내가 아무 때나 문을 통해 들어가는 것처럼 실제적인 것이었습니다. (내 영은 문이 필요 없습니다.)

마치 아침에 일어나 바지를 입는 것처럼, 나는 다시 내 몸 안으로 미끄러져 들어갔습니다. 그것은 몸 밖으로 나갔던 것과 같은 방식이었는데, 그것은 입을 통해서였습니다.

나는 할머니에게 말하기 시작했습니다. 할머니는 "얘야, 나는 네가 죽은 줄로만 알았단다."라고 말했습니다.

나의 증조할아버지는 의사이셨고, 할머니는 그를 도와 일했었습니다. 할머니는 나중에서야 내게 말했습니다. "나는 왕년에 많은 사람들에게 수의를 입히고 장례 준비를 해봤단다. 나는 죽음에 대해 많이 경험했는데, 너와 너의 경험을 다루면서 내가 전에 알던 것 보다 죽음에 대해 더 많은 것을 배웠구나. 너는 죽었었단다. 맥박도 없었고, 심장 박동도 없었고, 눈동자는 고정됐었단다."

'나는 죽어가고 있어요'

"할머니, 난 다시 떠날 거예요. 나는 죽어가고 있어요. 엄마는 어디 있죠?" 내가 말했습니다.

"네 엄마는 밖에 베란다에 있단다." 할머니가 대답했습니다. 그때쯤 나는 어머니가 베란다에서 왔다 갔다 하며 있는 목청을 다해 소리쳐 기도하는 소리를 들었습니다.

"동생은 어디 있어요?" 내가 물었습니다.

"의사를 부르러 이웃집에 달려갔단다." 할머니가 대답했습니다.

만일 떠날 준비가 되어 있지 않다면, 누군가가 함께 있기를 원하게 됩니다. 정말 두렵습니다. 나는 "할머니, 날 떠나지 마세요. 날 떠나지 마세요. 난 할머니가 없을 때 떠날까봐 무서워요. 난 누군가가 같이 있었으면 좋겠어요. 날 혼자 두지 마세요."라고 말했습니다. 그래서 할머니는 나를 다시 품에 안았습니다.

나는 "엄마에게 작별인사를 전해주세요. 내가 엄마를 사랑한다고 전해주세요. 엄마가 나와 우리 모두에게 해 주신 일에 정말 고맙게 생각한다고 전해주세요. 그리고 내가 만약 엄마 얼굴에 주름살을 만들거나, 머리를 희어지게 했다면, 미안하다고, 용서를 구한다고 할머니가 엄마에게 말해주세요."라고 말했습니다.

나는 내가 어디론가 미끄러지는 것을 느꼈습니다. "할머니, 나는 다시 떠나요. 엄마의 건강이 나빠졌을 때, 할머니는 내게 어머니와 같았어요. 정말 고맙게 생각해요. 난 이제 가요. 그리고 이번에는 돌아오지 못할 거예요." 나는 내가 하나님을 만날 준비가 되어 있지 않은 채 죽어가고 있다는 것을 알았습니다. 나는 할머니 뺨에 입을 맞추고 작별인사를 했습니다.

나의 심장은 두 번째로 멈췄습니다. 반세기가 지난 지금도 생생합니다. 나는 혈액 순환이 멈추는 것을 느꼈습니다. 발가락 끝부터 시작해서 발, 발목, 무릎, 엉덩이, 배, 그리고 심장으로 점점 감각이 없어졌습니다. 나는 내 몸에서 확 빠져나와 아래로, 아래로, 아래로 내려가기 시작했습니다. 오, 나는 그것이 불과 몇 초간이라는 것을 알았지만, 그것은 마치 영원과도 같았습니다.

나는 지상의 빛이 사라질 때까지 어둠 속으로 다시 내려가기 시작했습니다. 저 아래에서 똑같은 경험을 겪었습니다. 하늘로부터 음성이 들렸고, 내 영은 다시 그곳에서 벗어나 내 방으로 돌아와 내 몸 안으로 돌아왔습니다. 다른 것이라고는 이번에는 침대 발치 쪽에서 돌아온 것뿐이었습니다.

나는 다시 할머니에게 말하기 시작했습니다. "이번에는 다시 돌아오지 못할 거예요. 할머니, 할아버지는 어디 계세요? 할아버지께 작별 인사를 하고 싶어요."

할머니는 "얘야, 너도 알다시피, 할아버지는 집세를 받으러 마을 동쪽에 가셨단다."라고 말했습니다.

"아," 나는 말했습니다. "이제 기억나요. 잠시 깜빡했네요."

"할머니, 할아버지께 작별인사를 전해주세요. 나는 아빠를 갖고 있다는 것이 어떤 의미인지 전혀 몰라요. 할아버지는 내게 아빠와 같은 분이었어요. 내가 살 집이 없을 때 할아버지가 내게 집을 주셨어요. 내가 정말 고맙게 생각한다고 할아버지께 전해주세요. 할아버지를 사랑한다고 전해주세요. 내가 안녕히 계시라고 했다고 전해주세요."

그러고 나서 나는 누이와 두 남동생에게 한 마디 말을 남겼고, 세 번째로 내 심장이 멎었습니다. 나는 혈액 순환이 다시 멈추는 것을 느낄 수 있었습니다. 나는 내 몸에서 확 빠져나와 내려가기 시작했습니다.

그때까지 나는 '이것이 정말 내게 일어나는 것은 아니야. 이건 단지 환각일 뿐이야. 실제일리 없어!' 라고 생각했었습니다.

그러나 이제 '이번이 세 번째야. 이번에는 돌아오지 못할 거야.' 라고 생각했습니다. 흑암이 나를 에워쌌는데, 그것은 인간이 경험한 어떤 밤보다도 더 어두운 것이었습니다.

지옥의 공포

지옥의 공포를 제대로 설명할 만한 적당한 단어가 있다면 좋겠습니다. 사람들은 마치 지옥이라고는 만나지 않을 것처럼 아무것도 모른 채 스스로 만족하며 부지불식간에 이생을 살아 갑니다. 그러나 하나님의 말씀과 내 개인적인 경험은 내게 다르게 말합니다. 의식을 잃는 것이 어떤 것인지 나는 알고 있습니다. 의식을 잃으면 온통 까맣게 됩니다. 그러나 바깥 어두운 곳의 어두움과는 비교할 수 없습니다.

내가 암흑 속으로 세 번째로 내려갈 때, 나의 영은 부르짖었습니다. "하나님, 나는 교회에 속해있어요. 나는 물로 침례를 받았어요." 나는 그분의 응답을 기다렸지만, 아무 응답도 오지 않았고, 단지 내 자신의 목소리만 메아리쳐 돌아와 나를 비웃었습니다.

지옥을 피해 천국에 가려면 교회의 일원이 되는 것 이상이 필요할 것입니다. 물로 침례를 받는 것 이상이 필요할 것입니다. 예수님은 네가 "거듭나야 한다"(요 3:7)고 말씀하셨습니다.

물로 침례를 받는 것은 중요한 일입니다. 그러나 오직 거듭난 후에 침례를 받아야 합니다. 교회의 일원이 되는 것도 중요한 일이지만, 거듭난 후에 교회의 일원이 되어야 합니다. 만일 당신이 거듭남이 없이 단지 교회에 등록하고 물로 침례를 받기만 했다면, 당신은 지옥에 갈 것입니다.

두 번째는 조금 더 크게 부르짖었습니다. "하나님! 나는 교회에 속해있어요. 나는 물로 침례를 받았어요!" 나는 다시 응답을 기다렸지만, 흑암 가운데 내 자신의 목소리만 메아리칠 뿐이었습니다.

만약 내가 세 번째로 비명을 질렀던 것을 흉내 낸다면, 회중들은 아마 까무러치도록 놀랄 것입니다. 만약 내가 지옥에 있는 이들을 겁주는 것으로 천국에 들어갈 수 있었다면, 천국에 가고도 남았을 것입니다. 난 문자 그대로 비명을 질렀습니다. "하나님! 하나님! 나는 교회에 속해있다고요! 나는 물로 침례를 받았단 말이에요!" 그리고 내가 들은 것은 메아리쳐 돌아온 내 목소리 뿐이었습니다.

나는 그 구덩이의 바닥에 다시 내려갔습니다. 또 다시 그 열기가 나의 얼굴을 때리는 듯 느껴졌습니다. 그리고 지옥으로 들어가는 관문으로 다시 다가가게 되었습니다. 그 괴물이 내 팔을 잡았습니다. 끌려가는 것을 막을 수만 있다면 나는 싸우려고 했습니다. 나는 그저 속도를 조금 늦출 수 있을 뿐이었고, 그는 내 팔을 잡고 있었습니다.

하나님께 감사하게도 그 음성이 들렸습니다. 나는 누구의 음성이었는지 모릅니다. 나는 아무도 보지 못했습니다. 나는 단지 그 음성만 들었습니다. 나는 무슨 말이었는지 알지 못합니다. 그러나 그 말한 것이 무엇이었든 간에, 그 장소가 흔들리고 진동했습니다. 그리고 그 괴물은 내 팔에서 손을 뗐습니다.

마치 무엇인가가 나를 등 쪽에서 빨아들이는 것 같았습니다. 나는 지옥의 입구로부터 빠져나와 그림자 속에 설 때까지 끌어당겨졌습니다. 그리고는 무엇인가가 나를 머리로부터 끌어올렸습니다.

내가 흑암을 통과해 올라가고 있을 때, 나는 기도하기 시작했습니다. 내 영은, 이 몸 안에 살고 있는 사람은, 영원한 존재이고, 영의 사람입니다. 나는 기도하기 시작했습니다. "오 하나님! 나는 주 예수 그리스도의 이름으로 당신께 나옵니다. 나의 죄를 용서하시고 모든 죄에서 깨끗이 씻으시기를 간구합니다."

나는 침대 곁으로 올라왔습니다. 세 번의 경험 사이에 다른 점은, 처음에는 베란다로 올라왔고, 두 번째는 침대 발치로 올라왔으며, 세 번째는 침대 바로 옆으로 올라왔다는 것입니다.

내가 내 몸 안으로 들어갔을 때, 육체의 음성이 회복되어 기도하던 바로 그 문장 중간부터 이어서 기도가 나왔습니다. 나는 이미 나의 영으로부터 기도하고 있었습니다.

1933년에는 지금처럼 자동차들이 많이 있지 않았습니다. 그때는 대공황 시절이었습니다. 그러나 나와 엄마가 너무 크게 기도하는 바람에 우리 집에서 2블록에 걸쳐 양방향으로 교통이 마비되었다고 사람들이 얘기했습니다. 사람들은 내가 집

안에서 기도하는 소리를 들었고, 또 베란다에서 이리저리 거닐며 소리를 높여서 기도하던 어머니의 기도를 들었습니다.

  나는 시계를 보고 8시 20분 전이라는 것을 알았습니다. 그때가 바로 어머니의 기도를 통해 하나님의 은혜로 내가 거듭나게 된 시각입니다.

  나는 매우 기분이 좋았습니다. 그것은 마치 내 가슴에서 2톤짜리 추가 굴러 내려간 것 같았습니다. 내가 내 영으로 기뻐하고 행복해했음에도 불구하고, 내가 영적으로는 너무 좋았음에도 불구하고, 육체적으로는 나아진 것을 아무것도 느낄 수 없었습니다. 의사를 불러왔고, 그 의사는 가족들에게 내가 곧 죽을 것이라고 말했습니다. 나는 내가 그날 밤 죽으리라고 생각했지만, 그것이 더 이상 나를 괴롭힐 수는 없었습니다. 나는 내가 떠날 준비가 되었다는 것을 알았습니다.

  죽은 자들 가운데서 되돌아온 내 경험은 새로운 것이 아닙니다. 예수님께서 세 사람을 죽은 자들 가운데서 일으키셨습니다. 나사로, 야이로의 딸, 그리고 과부의 아들입니다. 사도 베드로는 도르가를 죽은 자들 가운데서 일으켰습니다. 사도 바울은 죽은 자들 가운데서 한 젊은이를 일으켰습니다. 그리고 교회사를 통해 다른 사람들도 비슷한 경험들을 했다는 것을 알 수 있습니다.

세상에서 가장 좋은 것

내 경험을 통해, 하나님께서는 나를 구원의 지식으로 인도하셨는데, 이 구원의 지식은 세상에서 알아야할 가장 좋은 것입니다. 나는 내 심령이 틀림없이 하나님과 함께 있다는 것을 알고, 내가 아침이 오기 전에 죽어 버리더라도 내가 가서 그분과 함께 있으리라는 것을 알고 있다는 것에 참 감사했습니다.

매일 밤, 불이 꺼지고 가족들이 잠자리에 들었을 때, 나는 혼자 남아 생각했습니다. 나는 생각도 많이 하고 기도도 많이 했습니다. 내가 구원 받았다는 것과 그분의 자녀라는 것에 감사하던 것이 기억납니다.

나는 주님께 미소 지으면서 주님을 찬양하면서 잠들겠노라고, 만약 밤중에 내가 죽더라도 사람들은 내 얼굴에서는 미소를, 내 마음에서는 찬양을 발견하게 될 것이라고 말씀드렸습니다. 주님을 찬양하다가 어느 틈에 잠이 들어버리곤 했습니다. 잠이 들기 위해 필요했던 것은 아무것도 없었고, 그것은 지금도 여전히 그렇습니다.

성경은 우리에게 말하기를 하나님께서는 "그의 사랑하시는 자에게는 잠을 주시는도다"(시 127:2)라고 했습니다. 나는 그분의 사랑하시는 자이고, 모든 그리스도인들도 그렇기 때문에,

우리는 단순히 그 성경 구절을 취해서 하나님께 감사하며 평화롭게 잠들 수 있습니다. 우리는 어떤 신경 안정제도 필요하지 않습니다.

그 다음날 아침, 내 침대를 가로질러 비치는 햇빛에 잠이 깨었습니다. 내가 제일 먼저 했던 일은 하나님을 찬양하는 것이었습니다. 나는 그분께 또 하루의 빛을 주심을 감사드렸습니다. 나는 그분께 태양, 나무들, 꽃들, 풀, 그리고 이파리들로 인해 감사드렸습니다. 나는 그분께 새들이 부르는 노랫소리로 인해 감사드렸습니다. 나는 너무나도 멋진, 놀라운, 아름다운 이 작은 것들로 인해 그분을 찬양했습니다.

이렇게 하나님을 찬양하는 사람을 본 적이 없었지만, 하나님께 마음이 조율되어 있고, 천국에 갈 준비가 되어 있는 사람은 그의 영혼 안에 찬양이 저절로 생겨나는 것입니다. 나는 치유에 대해 아무것도 몰랐습니다. 나는 하나님께서 그런 종류의 기도에 응답하시는 것을 알지 못했습니다. 그러나 하나님께 감사하게도 나는 죽어서 지옥에 가지 않았습니다.

정오가 되어, 할머니가 쟁반에 내 점심을 담아 오면, 나는 하나님께 음식에 대한 감사 기도를 하곤 했습니다. 그리고는 말하곤 했습니다. "주님, 저녁의 그림자가 질 때면 나는 이곳에 없겠지요? 아마 오늘 오후에는 슬며시 떠나겠지요. 그러나 나는 구원받았다는 것이 정말 기뻐요. 당신이 나를 죽어서 지옥에 가게 하지 않으셔서 나는 정말 기뻐요. 나는 내가 저 아래에 있지 않아도 된다는 것이 정말 기뻐요."

잠시 후 저녁 때가 되면 금방 다시 한 번 혼자 어둠 속에 있곤 했습니다. 나는 나의 구원으로 인해 주님을 찬양하곤 했습니다. 나는 내가 아마 밤중에 죽는다고 해도, 구원받았고 그분을 만날 준비가 되었다는 것으로 감사하다고 주님께 말씀드리곤 했습니다. 나는 미소 지으며 주님을 찬양하며 잠이 들곤 했습니다. 며칠이 지나고, 몇 주가 지나고, 몇 달이 지나도록 나는 이렇게 했습니다.

그해 가을 날씨가 선선해졌을 때, 나는 어느 정도 좀 나아진 것을 느끼기 시작했습니다. 할머니는 나를 침대에 기대 일어나게 해주곤 했습니다. 그리고는 할머니의 성경을 가져다가 내 앞에 받쳐주곤 했습니다. 나는 할머니의 "감리교" 성경을 읽던 침례교 소년이었다고 종종 말하곤 합니다.

내가 처음으로 성경을 읽기 시작했을 때, 나는 한번에 고작 10분밖에는 읽지 못했습니다. 그 이상은 볼 수가 없었습니다. 그 다음날에는 10분에서 15분 정도 더 읽곤 했습니다. 이런 식으로 몇 주를 읽고 난 후에는 한 번에 한 시간 동안 읽을 수 있게 되었고, 결국 나중에는 내가 읽고 싶은 만큼 읽을 수 있게 되었습니다.

사람들이 나를 주일학교에 데려갔습니다. 나는 내가 교회에 처음으로 갔던 것이나, 성경을 처음으로 읽어본 당시는 기억도 나지 않습니다. 기도도 내 평생 해왔던 것만 같습니다. 그러나 하나님께서 나로 지옥을 살짝 엿보도록 허락해 주신 그 토요일 밤 전까지 나는 정말 거듭난 적이 없었습니다.

당신은 하나님의 거듭난 자녀가 되지 않고도 경건할 수 있습니다. 당신이 거듭났을 때, 당신이 평생 읽어오던 바로 그 성경이 갑자기 다르게 보입니다. 내가 할머니의 성경을 읽으면서, 나는 예수 그리스도께서는 어제나 오늘이나 영원히 동일하시다는 것을 발견했습니다.

의사들은 내가 언제든지 죽을 수 있다고 했기 때문에 나는 성경을 읽기 시작할 때 신약부터 읽기 시작했습니다. 나는 결론을 내렸습니다. "내게 이 10분간 밖에 없든, 혹은 시간이 더 있더라도 나는 이 시간을 잘 활용해야 하니까, 신약부터 읽겠어."

내 인생을 바꾼 성경 구절

나는 마태복음을 다 읽고 마가복음을 읽기 시작했습니다. 거기에서 내 인생을 변화시킨 성경 구절을 읽었습니다. "그러므로 내가 너희에게 말하노니 무엇이든지 기도하고 구하는 것은 받은 줄로 믿으라 그리하면 너희에게 그대로 되리라"(막 11:24).

구원은 물론 한 사람에게 일어날 수 있는 가장 중요한 일입니다. 그러나 만약 어떤 사람이 정상적인 어린시절을 가져본 적이 없고, 그의 인생 내내 아팠으며, 머지않아 죽으리라는 것을 알면서 몇 달 동안이고 침대에 누워 있었다면, 당신은 아마도 그가 가진 건강과 치유, 생명을 향한 타오르는 욕망을 이해하지 못할 것입니다.

내 마음 속 가장 큰 욕망은 건강하고 튼튼해지는 것이었습니다. 그리고 여기 이 성경 구절에서 예수님께서 말씀하셨습니다. "무엇이든지 기도하고 구하는 것은 받은 줄로 믿으라 그리하면 너희에게 그대로 되리라." 그것은 마치 어떤 사람이 아주 어두운 방에 밝은 불을 킨 것과 같았습니다. 그리고 사방이 벽으로 막힌 곳에서 희망이라고는 조금도 없이 내내 천장만 쳐다보고 있을 때는, 낮임에도 불구하고 얼마나 어두운지 당신은 상상하지 못할 것입니다.

나는 시편 기자가 "주의 말씀은 내 발에 등이요 내 길에 빛이니이다"(시 119:105)라고 말했던 것을 몰랐습니다. 그러나 말씀을 알지는 못했지만, 경험을 했습니다. 온 방이 갑자기 빛에 휩싸여 내 안에도 빛이 있는 것 같았습니다. 나는 그 경험이나 그 성경 구절을 결코 잊은 적이 없습니다. 그것은 마치 내 마음에 새겨진 것 같습니다.

당연히, 마귀는 내 마음에 의심하게 만들 계획을 하며 바로 거기에 있었습니다. 빛이 생긴 그 순간 마귀도 역시 찾아왔습니다. 나는 그게 마귀였다는 것을 그 당시에는 몰랐습니다. 나는 알고 있었어야 했던 말씀의 영적인 통찰력이나 지식을 충분히 갖고 있지 못했습니다.

"무엇이든지 기도하고 구하는 것"이라는 말은 아마도 육체적인 것에 적용되는 것이 아니라 영적인 것들에만 적용될 거라는 생각이 슬며시 생겼습니다. 아마 그 뜻은 영적인 것을 "무엇이든지 기도하고 구하는 것"일 거야.

그 빛은 사라졌습니다. 의심이 믿음의 촛불을 불어 꺼버렸고, 나는 다시 어둠 속에 있었습니다. 나는 마귀가 내게 한 말을 믿어버렸고, 나는 다시 희망이 없다고 생각했습니다. 나는 내가 틀림없이 죽을 거라고 생각했습니다.

나는 목사님에게 사람을 보내 마가복음 11장 24절이 정확히 어떤 의미인지 물어봐야겠다고 결심했습니다. 지금 뒤돌아보니 예수님이 정말 사실을 말하셨는지 아닌지 누군가에게 사람을 보내 물어본다는 것이 얼마나 어리석은 짓인지요! 그러나 내게는 이것이 모두 새로운 것이었고, 그때까지만 해도 나는 목사님에게 대단한 확신을 가지고 있었습니다. 그가 뭐라 말하든 다 믿었을 것입니다. 나 역시도 하나님을 따르지 않고 사람들을 따르는 다른 많은 사람들과 마찬가지였습니다.

말씀으로 살다

나는 나의 성도들에게 단지 내가 그렇게 말했다고 해서 믿지는 말라고 말합니다. 그런 것은 그대로 이루어지지 않습니다. 만일 내가 말한 것이 진실이라는 것을 성경으로 증명할 수 없다면, 그것을 믿지 마십시오. 그것을 받아들이지 마십시오. 다른 누군가에게 나의 어떤 이론이나 내가 가진 교리를 강요할 어떤 권리도 내겐 없습니다. 나는 내 어떤 신념도 다른 사람들에게 강요하고 싶지 않습니다. 우리 모두 하나님의 말씀으로 살도록 합시다.

이 성경 구절에 관해 목사님께 말하기를 고대하며 할머니를 내 옆으로 불러, 가서 목사님을 모셔와 달라고 부탁했는데, 그는 우리 집에서 네 블록 떨어진 곳에 살고 있었습니다. 할머니는 그분께 걸어가서 목사님과 만나기를 청하고, 내가 목사님이 와서 만나주기를 원한다고 말했습니다. 그는 그날은 매우 바쁘지만 이틀 후에는 오겠다고 했습니다. 할머니는 아침 일찍 오시도록 제안했는데, 하루 중 늦게 보다는 그때가 내가 더 편안하고 정신이 또렷했기 때문입니다. (아침 10시 정도가 지나면 나는 그날의 나머지를 무기력하게 누워 있곤 했습니다.) 그는 아침 8시 반에 오겠노라고 말했습니다.

내가 병상에 눕기 전 몇 년 동안, 나는 매우 성실하게 주일학교에 참석했습니다. 한번도 빠진 적이 없었습니다. 그러나 내가 아파있는 동안 내내 그 목사님은 한번도 나를 보러 오지 않았습니다.

그가 방문하기로 되어 있는 목요일 아침이 되었을 때, 나는 그를 보기 위해 그리고 내 심령 속에서 불타오르는 질문들을 물어보기 위해 몹시 갈망하고 있었습니다. 8시 반이 지났습니다. 9시가 되었고, 나는 목사님을 몹시 바라고 있었습니다. 9시 반, 10시, 그러나 그에게서는 말 한마디 없었습니다. 그리고 내가 그 침대에 1년 내내 누워 지내는 동안에도 그는 결코 나를 보러 오지 않았습니다.

당시에는 실망과 환멸감에 몸 둘 바를 몰랐었지만, 나중에 뒤돌아보니 그 목사님이 오지 않았던 것이 더 좋은 것이었습니다. 왜냐하면 그는 내게 틀린 것들을 얘기했을 테니까요. 내 육체의 치유를 위해 하나님을 믿도록 내 믿음을 북돋워주기

보다는 그는 고작 내가 이미 가지고 있었던 의심들을 더 강화시켰을 것입니다.

목사님이 나를 보러 오지 않았을 때, 할머니는 할머니가 매우 신뢰하는 목회자를 모셔오기 위해 마을의 다른 지역으로 걸어갔습니다. 할머니는 내 상태에 대해 그에게 말했고, 내가 그 목회자를 만나고 싶어 한다고 말했습니다. 그는 할머니에게 오겠노라고 했지만, 그러나 그 역시 약속을 지키는 데 실패했습니다. 나는 그가 도착하지 않았을 때, 다시 실망으로 울었지만, 그가 오지 않았던 것이 실제로는 역시 축복이었습니다. (우리가 울부짖게 되는 많은 경우 사실은 그것이 우리에게 좋은 것들이지만, 그 당시에는 그것을 깨닫지 못합니다. 만일 우리가 미래를 볼 수만 있다면 울지 않을 텐데요.)

나의 이모는 다른 교회에 다니고 있었는데, 그녀의 목사님에게 와서 나를 만나달라고 부탁했습니다. 어쨌거나 이번에는 그 역시 오지 않으리라고 나는 확신했습니다. 이모는 그녀의 교회에서 유년 주일학교 교장을 맡고 있었습니다. 내가 9살 때부터 11살 때까지 이모가 담당한 부서에 해당하는 연령인 동안 이모와 함께 주일학교를 다녔으며 주일을 빠진 적이 없었습니다. 물론, 그 교회 목사님도 만난 적이 있었습니다.

욥의 위로자가 도착하다

하루는 누군가 현관문을 두드리는 소리를 들었습니다. 우리 가족 중 한 사람이 대답을 했고, 내가 방문자의 목소리를 듣는 순간, 나는 이모네 교회 목사님이라는 것을 알았습니다. 갑자기 나의 심장은 기쁨으로 고동쳤는데, 나는 그 성경 구절이 무슨 의미인지 목사님에게 물어볼 수 있으리라고 생각했기 때문입니다. 그는 틀림없이 내 마음 속의 이러한 혼란을 알고 말끔하게 해결해 줄 것이었습니다. 나는 만일 이 구절이 의미하는 것이 내가 생각하는 대로라면, 나는 그 침대에서 빠져나올 것이라는 것을 알고 있었습니다.

그 당시에는 오직 한 사람씩만 내 방에 들어올 수 있었기 때문에, 목사님이 혼자 들어왔습니다. 목사님이 내 위로 몸을 구부릴 때까지 나는 목사님을 명확히 볼 수 없었습니다. 그제야 목사님의 얼굴에 초점이 잡혔습니다.

내 목과 혀가 부분적으로 마비되어 있었기 때문에, 나는 분명하게 말할 수 없었지만, 과거로 거슬러 올라가 많은 것들을 설명하려고 했습니다. 때로는 내가 말하려는 단어들을 말하는 데 시간이 오래 걸리기도 했습니다. 종종 질문 하나를 하기 전에 10분 정도 더듬거리곤 했습니다. 내 두뇌는 제대로 활동하지 않는 듯 했습니다.

나는 내 입과 입술을 움직여 무언가 말을 하려고 애썼습니다. 나는 목사님의 이름을 부르려고 애썼습니다. 나는 내 성경을 가져와 마가복음 11장 24절을 펴 달라고, 그리고 그것이 무슨 뜻인지 내게 알려달라고 말하려고 애썼지만, 그 말을 할 수 없었습니다. 나는 그저 심하게 더듬거리고 있었습니다. 나는 단어들을 짜 맞출 수가 없었습니다.

내가 뭔가 말할 수 있게 되기 전에, 목사님은 내가 말 하지 못한다고 생각했습니다. 그는 내 손을 쓰다듬고 직업적인 경건한 목소리로 느릿느릿 말했습니다. "그저 인내하거라, 애야. 며칠만 지나면 모든 것이 끝날 거야." 그러고는 내 손을 내려놓고 방을 나갔습니다.

비록 이 목사님이 나와는 아무 기도도 하지 않았지만, 거실로 가서는 가족들과 기도했습니다. 당시 몇 가지 이유로 내 청각은 매우 예민했고, 그가 그리 큰소리로 기도하지 않았음에도 그가 하는 모든 말들을 명확히 들을 수 있었습니다. 그는 "하늘에 계신 아버지여, 우리는 이제 곧 손자를 잃게 된 이 사랑하는 할머니와 할아버지를 축복하시기를 간구합니다. 그들에게 곧 들이닥칠 어두운 시간에 대비해 그들의 마음을 준비시켜 주옵소서."라고 기도했습니다.

나는 이 기도를 들으면서, 마치 학교 선생님으로부터 벌을 받고 교실 구석에 서있는 말썽꾸러기 어린 소년과 같았습니다. 그가 겉으로 볼 때는 서있었겠지만, 속으로는 자기가 앉아 있다고 생각했을 것입니다. 나는 그 어린 소년과 마찬가지로 반항심을 느꼈습니다. 내가 비록 들리게 말할 수는 없었지만, 내 속에서는 소리치고 있었습니다. "난 아직 죽지 않았어!"

나는 그 목사님이 계속 기도하는 것을 들었습니다. "이제 곧 아들을 잃게 되어 비탄에 빠진 이 사랑하는 어머니를 축복하시옵소서." 어머니는 그때까지만 해도 약간의 희망을 가지고 있었는데, 목사님은 어머니가 가진 것을 강탈해버렸고, 어머니는 울기 시작했습니다.

내 장례식 계획

그 목사님이 떠난 후, 할머니는 내 방에 들어와서 이 목사님이 내 장례식에 설교를 해도 괜찮겠냐고 물어보았는데, 이는 그 목사님이 유일하게 나를 보러온 사람이었기 때문이었습니다. 나는 그게 좋겠다고 동의했습니다.

그러자 할머니는 내 장례식에서 어떤 노래를 부르면 좋겠냐고 물어봤습니다. 나는 할머니에게 특별히 선호하는 곡은 없다고 말했습니다. 사람들이 무얼 원하든 그걸 부르면 된다고 말했습니다. 할머니가 두세 곡을 제안했고, 나는 그게 좋을 것 같다고 말했습니다. 그러자 할머니는 누가 관을 메면 좋겠냐고 물었습니다. 할머니가 몇 명을 추천했고, 나는 그게 좋을 것 같다고 말했습니다. 어머니는 내가 어머니가 언급한 어떤 장소에 매장되는 것을 원하는지 어떤지 내게 물었고, 나는 동의했습니다. 그리고 그들은 내 방에서 나갔습니다. 밖에 태양이 환히 빛나고 있었음에도 불구하고, 내 방안은 너무도 어둡게만 보였습니다.

이 모든 일들이 나를 멍하게 만들어 버려서, 나는 침대위에 미동도 없이 30일 동안 누워있었습니다. 나는 다 포기하고 죽고만 싶었습니다. 30일 정도 후에야 나는 다시 성경을 읽기 시작했습니다. 나는 여전히 마가복음 11장 24절을 벗어나지 못한 것 같았습니다. "무엇이든지 기도하고 구하는 것은 받은 줄로 믿으라 그리하면 너희에게 그대로 되리라."

나중에 가을이 되어서야 나는 담대해졌습니다. 나는 주님께 내가 두 명의 목사님을 청했지만 오지 않았다고 말씀드렸습니다. 세 번째 목사님은 왔지만, 오지 않았더라면 더 좋았을 뻔했다는 것을 깨달았습니다.

나는 주님께서 이 땅에 계실 때 "무엇이든지 기도하고 구하는 것은 받은 줄로 믿으라 그리하면 너희에게 그대로 되리라"고 말씀하셨고 나는 낫기를 구한다고 주님께 말씀드렸습니다.

나는 주님의 말씀에서 주님을 붙잡을 것이라고 주님께 말씀드렸습니다. 나는 주님께서 진리를 말씀하셨고 이 구절은 있는 그대로 사실이라는 것을 믿으려고 했습니다. 만약 신약 성경이 사실이라면, 나는 이 침대를 벗어날 것이었습니다.

나는 죽지 않고 살 것이라고 주님께 말씀드렸습니다. "만일 내가 이 침대에서 일어나지 않는다면, 성경은 사실이 아니고, 난 그걸 쓰레기통에 집어 던질 거야." 난 일종의 거래를 한 셈입니다.

나는 그 침대에서 일어나기로 결심했지만, 어떻게 그 성경 구절을 믿어 행동에 옮길지는 여전히 알지 못했습니다. 어떤 사람이 울부짖고, 기도하고, 그가 아는 모든 일들을 그가 행한다 할지라도, 믿음을 가지고 있지 않다면, 그는 여전히 변함이 없을 것입니다.

예수님께서는 그냥 기도하라고 말씀하지 않으셨습니다. 이 성경 구절의 핵심 단어는 "믿으라"입니다.

느낌 대 믿음

그 당시 나는 믿음을 충분히 깨닫지 못하고 있었습니다. 나는 기도하고 또 기도했지만, 어떤 성과도 얻지 못했습니다. 나는 하나님께서 내 기도를 들으신다는 것을 확신했고, 내 안에 좋은 느낌을 가지고 있었습니다. 그러나 나의 심장은 여전히 정상적으로 뛰고 있지 않았습니다.

당시 내가 몰랐던 것은 우리의 느낌이 아닌 믿음으로 나아가야 한다는 것이었습니다. 우리는 하나님의 말씀의 약속위에 굳게 서서 우리를 둘러싼 주위 환경들을 바라보지 말아야합니다.

나는 내 손을 사용할 수 있을 정도로 호전되었습니다. 때때로 할머니가 나를 침대위에 잠시 기대 앉히곤 했습니다. 나는 손을 뻗어 다리를 만져보곤 했습니다. 근육이라고는 전혀 없고 그저 뼈밖에 없었습니다. 나는 뼈쩍 말라있었습니다.

별로 나아진게 없어 보였고, 나는 "주님, 나는 주님께서 나를 고치실줄 알았는데요."라고 말했습니다. 나는 주님께서 내 기도를 들으셨다는 것을 확신했지만, 더 나아졌다고는 느껴지지 않았습니다. 지금은 기도하고 나서 그냥 느낌이 좋다고 그것이 하나님께서 들으신다는 표징은 아니라는 것과, 이와 마찬가지로, 기도하고 나서 느낌이 더 좋아지지 않는다고 그것이 하나님께서 듣지 않으신다는 표징도 아니라는 것을 알고 있습니다.

우리는 우리가 어떻게 느끼는가에 의지할 수 없습니다. 우리는 하나님의 말씀이 그 문제에 대해 뭐라고 말씀하시는지 그곳으로 돌아와야만 합니다. 몇 달 동안 나는 이런 식으로 허우적거렸습니다.

1934년의 새해가 돌아왔을 때, 우리는 이사를 하게 되었습니다. 할아버지는 읍내에 몇 채의 집을 소유하고 있었는데, 그 중 한 집으로 이사 가기로 결정했습니다. 할아버지는 그 집에 세 들어 살던 사람들에게 이제 할아버지가 들어가 살겠다고 이미 말해놓았습니다. 그 사람들이 이사 나가고 할아버지가 그 집을 다시 꾸미고 나서, 우리는 이사 들어갈 준비가 되었습니다.

이삿짐 나르는 사람들이 왔을 때, 그들은 집의 다른 곳들의 가구들을 먼저 나르고, 내 방의 가구들은 마지막까지 남겨 두었습니다. 그들이 내 가구들을 옮기러 왔을 때, 구급차가 와서 나를 실어갔습니다.

구급차에 실려 가는 동안 탑승자 한 사람은 내가 1년가량 침대에 있었다는 얘기를 들었다고 했습니다.

"정확히는 9개월이에요." 내가 말했습니다.

그는 나만 괜찮다면 주택가를 한 바퀴 돌며 바깥 경치를 볼 수 있게 해 주겠다고 했습니다. 내게는 수개월 동안 보지 못했던 것들을 볼 수 있는 기회라 매우 기뻤습니다. 우리가 당연하게 여기는 아주 조그만 기쁨들이 그것을 오랫동안 빼앗겼던 사람에게는 엄청난 즐거움이 될 수 있습니다.

그들이 천천히 읍내를 운전해 통과할 때, 나는 창 밖을 보기 위해 내 머리를 움직일 수 있었습니다. 그러자 그 구급차의 탑승자가 말했습니다. "애야, 혹시 괜찮을 것 같으면, 광장으로 드라이브 해 줄게. 휴일이라 차가 그리 많이 막히지는 않을 거고, 네가 즐기기 좋을 거야." 인구가 8천에서 9천정도 되는 맥킨니라는 이 사랑스런 작은 도시의 오래된 법원, 가게들과 다른 건물들을 다시 볼 수 있게 된다는 것이 내게 얼마나 멋진 일인가 하고 생각했습니다.

나는 모퉁이의 눈에 익은 오래된 약국을 보았습니다. J. C. 페니 백화점을 보았습니다. 그 옆에는 '모드 오데이' 옷집이 있었고, 그 옆에는 '울워쓰'의 가게가 있었습니다. 그 밑으로 신발 가게가 있었고 다음 모퉁이에는 숙녀 기성복 가게가 있었습니다. 거기서 우리는 방향을 돌려 광장의 남쪽으로 내려갔습니다. 나는 언제 다시 보게 될지 모르는 이것들을 넋을 잃고 바라보았습니다.

우리가 모퉁이를 돌아 광장의 남쪽으로 향하기 시작하자마자 나는 고개를 돌려 광장 가운데 자리하고 있는 법원 건물을 바라

보았습니다. 나는 내가 살아있는 동안 그 순간을 결코 잊지 못할 것입니다. 그 순간에 뭔가가 내게 말했습니다. "자, 넌 이 오래된 건물들을 다시 볼 수 있으리라고는 절대 생각하지 않았지. 너를 데리고 와준 이 사람이 없었더라면 아예 보지도 못했을 거야."

한 가닥의 빛

그때 마가복음 11장 24절 "무엇이든지 기도하고 구하는 것은 받은 줄로 믿으라 그리하면 너희에게 그대로 되리라"라는 구절이 기억났고, 그 앞 절에서 "그 말하는 것이 이룰 줄을 믿고"라는 말씀이 떠올랐습니다.

그 구급차 안에서 내가 이렇게 말할 때 눈물이 내 얼굴을 흘러 떨어졌습니다. 내가 지금 알고 있는 모든 것들을 그 당시에도 이해했던 것은 아닙니다. 나는 단지 한 가닥의 빛을 가졌을 뿐이었습니다. 그것은 마치 문의 벌어진 틈새로 보이는 희미한 빛과 같았지만, 구급차 안에 있던 1934년 1월의 첫 날 오후 두 시경은 내게 출발점이 되었습니다.

"그래, 나는 이 건물들과 이 법원을 다시 볼 거야. 나는 와서 이 법원 광장에 서겠어. 왜냐하면 예수님께서 네 마음으로 믿고 네 입으로 말한 것은 이루어진다고 말씀하셨으니까." 나는 스스로에게 맹세했습니다.

1월과 2월이 지나도록 나는 여전히 병상에 있었습니다. 3월, 4월, 5월, 6월, 그리고 7월이 지나갔습니다. 마귀는 효과가 없다고 말했겠지만, 나는 내 고백을 붙들고 포기를 거절했습니다. 나는 포기하지 않겠노라고, 나는 말씀 위에 서 있다고, 그러므로 그것은 역사해야만 한다고 주님께 계속 말씀드렸습니다.

마침내 나는 내가 무엇을 잘못해왔는지 알게 되었습니다. 나는 하나님의 말씀이 말하는 바를 진정으로 믿고 있지 않았습니다. 나는 내 마음mind으로는 말하고 있었지만, 그것을 심령heart으로 믿거나 행동으로 옮기고 있지 않았습니다.

나는 네 달 동안 점차 나아지기를 바라고만 있었다는 것을 깨달았습니다. 나는 믿음이 아닌 소망으로 기도를 하고 있었고, 그것으로는 역사가 일어나지 않습니다.

나는 내 믿음이 아직 하나님의 말씀에 근거한 것이 아니라, 단지 내가 보고 느낄 수 있는 것들에 근거하고 있다는 것을 깨달았습니다. 나는 여전히 내 심장이 제대로 뛰고 있지 않은 것을 느낄 수 있었습니다. 나는 종종 내 다리와 팔을 바라보며 전혀 변하는 것이 없음에 울곤 했습니다. 나는 내 육신의 눈으로 볼 수 있는 것만 믿고 있었습니다.

이렇게 1934년 8월의 둘째 주가 되었습니다. 그 주 화요일, 나는 이른 아침 내내 기도하고 있었습니다. 평상시와 마찬가지로 시간이 되자 어머니가 들어와 나를 목욕시켜 주었습니다. 어머니가 방을 나간 것은 8시 30분이었습니다. 나는 계속 기도했습니다.

마가복음 11장 24절과의 몸부림

나는 오랫동안 마가복음 11장 24절로 몸부림치고 있었지만, 여전히 나아진 것은 전혀 없었습니다. 나는 주님께 말씀드렸습니다. "주님께서 이 땅에 계실 때, '무엇이든지 기도하고 구하는 것은 받은 줄로 믿으라 그리하면 너희에게 그대로 되리라'라고 말씀하셨잖아요. 나는 고침받기를 원하고 또한 믿습니다. 만약 주님께서 이 방 여기 서 계시다면, 내가 내 육신의 눈으로 주님을 볼 수 있고 주님의 손을 잡을 수 있을 텐데요. 그리고 만약 주님께서 내가 믿지 않는 것이 문제라고 말씀하시려고 한다면 난 그것이 사실이 아니라고 말씀드리겠어요. 나는 믿고 있으니까요."

그러자 내 내부로부터 한 목소리가 아주 명확히 들렸는데,

마치 누군가가 실제로 말한 것처럼 들렸습니다. "그래, 너는 네가 아는 한도 내에서 믿고 있지. 그러나 마지막 조항은 '그리하면 너희에게 그대로 되리라'라고 되어 있단다."

나는 어떻게 해야 믿는 것인지 내가 아는 한도 안에서 믿기는 했지만, 그것을 충분히 알지는 못했습니다. 어떤 사람은 기도는 하지 못해도 믿음을 가질 수 있습니다. 성경에는 "믿음은 들음에서 나며 들음은 그리스도의 말씀으로 말미암았느니라"(롬 10:17)라고 되어 있습니다. 우리에게는 말씀에 대한 지식이 필요합니다. 말씀을 아는 지식의 이러한 빛이 비칠 때, 믿음은 자동적으로 생기는 것입니다.

그 순간에 나는 마가복음 11장 24절이 무엇을 의미하는지 정확히 보게 되었습니다. 그때까지는 나는 실제로 고침 받을 때까지 기다리려고 했습니다. 나는 내가 나았는지 어떤지 확인하기 위해 내 몸을 바라보고 심장 박동을 확인하고 있었습니다. 그러나 나는 그 구절이 너희가 기도할 때 믿어야 한다고 말하고 있는 것을 보았습니다. 갖게 되는 것은 믿고 난 후에 오는 것입니다. 나는 그것을 거꾸로 하고 있었습니다. 나는 먼저 받은 다음에 믿으려고 애쓰고 있었습니다. 그것이 바로 대부분의 사람들이 하는 방식입니다.

'이제 알겠어요!'

"이제 알겠어요. 알겠어요!" 나는 기쁨으로 말했습니다. "난 내가 뭘 해야 할지 알겠어요, 주님. 내가 여전히 여기 이 침대 위에 누워있을 지라도, 여전히 내 심장이 제대로 뛰지 않을 지라도, 나는 내 심장이 나았다고 믿어야 해요. 내가 여전히 여기 무기력하게 납작 누워있는 동안에도 나는 내 마비증세가 없어졌다는 것을 믿어야 하는 거예요. 나는 주님께서 나의 기도를 들으셨다는 것을 내 심령으로 믿습니다! 나는 내 심장이 고침 받았고, 나의 마비증세가 사라졌다는 것을 믿습니다! 나는 내 육체가 고침 받았다는 것을 심령으로 믿습니다."

내가 이렇게 말할 때, 떠오른 생각이 있었습니다. "네 꼴이 가관이구나. 네 자신을 봐라. 크리스천이라고 주장하면서 너는 거짓말을 하고 있잖아. 너는 성경에 거짓말쟁이들은 불과 유황으로 타는 연못이 그들의 몫이 될 것이라고 되어 있는 것을 모르니?"

"난 거짓말쟁이가 아니야." 나는 단언했습니다.

"넌 틀림없이 거짓말쟁이야. 너는 나아지지도 않았는데 나았다고 말했지."

"나는 내가 나아진 것을 느끼기 때문에 내가 고침 받았다고 말하지 않았어." 나는 분명히 말했습니다. "나는 그렇게 믿기 때문에 고침 받은 거야. 그리고 마귀야, 만약 네가 계속 내가 고침 받은 것이 아니라고 말한다면, 네가 거짓말쟁이야. 나는 하나님의 말씀에 따라 행동하고 있어. 만약 내가 고침 받은 것이 아니라면 예수님이 거짓말쟁이야. 그것에 대해서는 하나님께 따져보지 그래? 날 귀찮게 하지 말고 말이야."

그러자 마귀는 나를 두고 떠났습니다. 나는 "하나님, 감사합니다. 나는 고침 받았습니다."라고 말했습니다. 나는 내 두 손을 들고 하나님을 찬양했습니다. 잠시 나는 내 심장이 제대로 뛰고 있는지 살펴보기 시작했지만, 나는 다시 자제하고 느낌이 아니라 믿음으로 나아가리라고 선언했습니다. 나는 내 심장이 나았다고 계속 고백했습니다. 나는 이런 식으로 10분 정도 주님을 찬양했습니다.

일어나 침대 밖으로

그때 성령님께서 내 속에 내적 증거로 말씀하셨습니다. "너는 네가 고침 받았다고 믿고 있어. 네가 만약 고침 받았다면, 일어나 침대 밖으로 나가야 할 거야."

나는 그 말이 옳다고 여겼고, 그래서 나는 손을 짚어 내 몸을 앉는 자세로 일으켰습니다. 이어서 몸을 굽혀 다리를 잡은 다음, 침대 옆으로 걸쳐 내려놓았습니다. 발에 감각은 없었지만, 다리를 볼 수는 있었습니다. 이어서 나는 내가 서서 걸을 것이라고 말했습니다.

마귀는 잠시도 나를 내버려두지 않았습니다. 마귀는 계속 내가 어리석다고 말했습니다. 물론 나는 마귀의 말한 바대로 걸을 수 없었습니다. (마귀가 우리를 감각의 영역에 잡아 두는 한, 우리는 마귀에게 질것입니다. 그러나 만일 우리가 믿음 안에 선다면, 우리가 마귀를 패배시킬 것입니다!)

나는 침대 기둥을 잡고 몸을 일으켰습니다. 방이 빙빙 돌기 시작했는데, 16개월 동안이나 그 침대에 누워있었기 때문이었습니다. 나는 눈을 감고 침대 기둥을 팔로 감싸 안은 채 몇 분 동안 그렇게 서 있었습니다. 마침내 나는 내 눈을 떴고, 모든 것이 빙빙 돌던 것이 멈췄습니다.

나는 내가 고침 받았고 걸을 것이라고 선포했습니다. 내 두 다리에 감각이 돌아오기 시작했습니다! 마치 2백만 개의 핀이 콕콕 찌르는 것 같았습니다. 신경이 다시 살아나고 있었습니다. 마비되었던 다리에 감각이 돌아오는 것이 너무 놀라웠기 때문에 고통스럽게 찌르는 듯한 통증에도 불구하고 나는 매우 기뻤습니다. 잠시 후 통증이 사라지고 정상이 되었습니다.

걸으려면 지금 당장 해야겠다고 결정하고, 침대 기둥을 잡은 채 조심스럽게 발걸음을 떼었습니다. 이어서 한 걸음 더 떼었습니다. 가구들에 의지한 채로 용케 방을 한 바퀴 걸었습니다.

나는 아무에게도 이 얘기를 하지 않았고, 다음날 아침 일어나 똑같이 되풀이했습니다. 그날 밤 나는 다음날 아침 일어나 아침 식탁에 갈 거니까 옷을 좀 갖다 달라고 어머니에게 말했습니다. 어머니는 놀라긴 했지만, 내가 요구한 대로 해 주었습니다. 삼일 째 되는 아침에 나는 침대에서 나와 혼자 옷을 입고 부엌으로 걸어 들어가 아침 식탁에 가족과 함께 앉았습니다. 그 이후로는 항상 그렇게 하고 있습니다.

법원 광장으로 돌아오다

1934년 8월 둘째 주 토요일에 나는 법원 광장에 걸어갔습니다. 사람들은 토요일이면 으레 쇼핑을 하러 읍내에 나오므로 그날은 사람들로 붐볐습니다. 나는 광장 밖으로 나가기 위해 사람들을 헤치고 나가야만 했습니다. 내가 거기 섰을 때, 눈물이 내 뺨을 흘렀고, 나는 하나님의 선하심을 찬양했습니다.

나는 내 신약 성경을 꺼내들었는데, 내가 늘 가지고 있었던 것이었습니다. 내가 광장 모퉁이에 서서 눈물을 흘리며 성경을 펼쳐 읽는 것을 사람들이 어떻게 생각했는지 나는 알지 못하고, 신경 쓰지도 않았습니다. 나는 성경을 펴 읽었습니다. "범사에 헤아려 좋은 것을 취하고"(살전 5:21). 나는 내가 사랑하게 된 마가복음 11장 24절을 확증하게 되었고, 내 인생에 그것이 진실임을 발견했습니다. 나는 하나님의 말씀이 진리임을 알았습니다. 하나님의 말씀을 바르게 믿음으로 "무엇이든지 구하는 것"을 갖게 되는 것이 가능했습니다.

얼마 후, 의사가 내 심장을 진찰하고는 더 이상 내 심장에 이상이 없다고 말했습니다. 그는 나 같은 경우의 심장을 가진 사람들이 낫는 경우는 거의 없다고 했습니다. 이제는 그가 내게서 어떤 문제도 찾을 수 없다고 하니, 정말 기적임이 틀림없습니다.

내 사역이 시작되다

나는 곧 젊은 침례교 목사로서 내 사역을 시작했고, 법원 광장으로부터 겨우 8마일 떨어진 곳의 지역 교회를 섬기게 되었습니다. 내가 목회를 시작한 첫해에는 설교하러 다니느라 신발 네 켤레가 닳아버렸습니다. 나는 복음을 전하고 예수님이 나를 구원하고 고쳐주신 것을 알리기 위해 먼지 나는 옛 길을 걸어 다녔습니다.

나는 "내가 어디를 가든 예수님이 구원하시고 치유하시는 것, 그리고 다시 오신다는 것을 말하며 레드 강에서 멕시코 만까지 전하고 다닐 것입니다. 루이지애나 경계부터 뉴멕시코 국경선까지 그것을 전할 것입니다."라고 말하곤 했습니다. 그 당시 나는 텍사스를 담당하면 꽤 큰 지역을 담당하는 거라고 생각했습니다.

나는 신유를 믿었기 때문에, 역시 신유를 믿고 전하는 순복음 사람들과 교제하기 시작했습니다. 나는 그들의 예배에 가는 것을 좋아했는데, 그들과의 교제가 좋았고, 신유를 믿는 다른 사람들의 간증을 듣는 것이 내 믿음을 더 굳건하게 해 주었기 때문이었습니다.

그들은 또한 성령 충만함을 받는 것과 다른 방언을 말하는 것에 대해 설교했는데, 내가 완전히 이해하거나 전적으로 동의하는 것은 아니었지만, 신유라는 주제로 교제를 나누기 위해 참았습니다.

어쨌거나, 나를 가장 괴롭혔던 것은 모든 사람이 동시에 기도하는 것이었습니다. 나는 그런 것에 익숙하지 않았고, 그 사람들을 바로잡으려고 한두 번 말했습니다. 후에 누군가가 그들에게 "하나님이 귀먹지 않았다는 것을 모르십니까?"라고 말했고, 그들은 "그분은 통성기도를 싫어할 만큼 예민하지도 않으시지요."라고 대답했습니다.

그들이 성도들에게 강대상 앞으로 나와서 기도하도록 청할 때면, 나도 가서 그들과 함께 기도하고는 싶었지만, 그들의 통성기도가 나를 괴롭혔기 때문에 나는 가능한 한 멀리 떨어져 있으려 했습니다. 나는 어딘가 구석으로 물러나서 조용히 기도하곤 했습니다.

얼마 후에야 이 사람들은 신유에 대해 알고 있지만, 나의 교단은 분명 그렇지 않다는 것을, 그러므로 성령님에 대해서도 역시 나보다 그 사람들이 더 많이 알고 있으리라는 것을 깨닫게 되었습니다. 나는 초대 교회에서는 어떻게 기도했는지 보기 위해서 사도행전을 읽어보기로 결정했습니다.

사도행전을 읽으면서 나는 어느 곳에서도 브라운 집사나 또는 존스 자매에게 기도를 인도하라고 불러낸 것을 찾을 수 없었습니다. 나는 초대 교회에서는 모든 사람이 동시에 기도했다는 것을 발견하고는 정말 놀랐습니다. "사도들이 놓이매 그 동료에게 가서 제사장들과 장로들의 말을 다 알리니 그들이 듣고 한마음으로 하나님께 소리를 높여 이르되…"(행 4:23-24).

내게 확실한 보증이 된 것은 사도행전 16장에서 바울과 실라가 깊은 밤 감옥에 갇혀있던 장면이었습니다. 그들은 등에 피를 흘리고 있었습니다. 그들의 발에는 족쇄가 채워져 있었습니다. 그러나 깊은 밤 그들은 기도하고 하나님께 찬송을 부르고 있었습니다. "…죄수들이 듣더라"(행 16:25). 그때까지 나는 하나님께 기도하는 것은 믿었지만, 조용히 해야 한다고 믿었습니다. 그러나 여기서 바울과 실라가 감옥임에도 불구하고 조용히 있지 않았다는 것을 보았습니다.

다음번 순복음 교회에 예배드리러 갔을 때, 모두 앞으로 나와 기도하도록 초청했을 때, 나는 그들의 가운데 섞여서 그들이 하는 대로 소리를 높여 기도했습니다. 나는 기도에 있어서 놀라운 해방과 자유를 느꼈습니다. 예수님께서 말씀하셨습니다. "진리를 알지니 진리가 너희를 자유롭게 하리라"(요 8:32). 하나님의 말씀은 진리이고, 그것이 당신을 자유롭게 할 것입니다.

방언에 관하여

그러나 순복음 교회에서 설교하는 성령의 세례와 방언을 말하는 것에 관한 주제는 전혀 다른 문제였습니다. 그 "방언"에 관한 것은 삼키기에는 너무 쓴 약이었습니다. 나는 방언에 관해 경고를 받은 적이 있었습니다. 텍사스 동부에 사는 한 친구가 순복음 사람들 근처에 돌아다니는 것에 대해 이렇게 말했습니다. "그것은 마치 미끄러운 강둑과 같아. 네가 계속 바보처럼 그 주위를 돌아다니다가는 넌 미끄러져 빠져버리고 말거야!"

나는 성령님에 대해서 말씀을 묵상하고 생각했고, 순복음 사람들이 틀렸다는 결론에 도달했습니다. 방언은 필수적인 것이 아니었습니다. 방언은 오늘날의 우리를 위한 것이 아니었습니다. 그것은 물론 나의 독단적인 판단이었습니다. 그것은 확실히 성경 말씀이 아니었습니다.

나는 주님께 말씀드렸습니다. "이 사람들은 좋은 사람들입니다. 제가 압니다. 그들은 전적으로 구원받았고, 저의 교회가 모르고 있을 때 그들은 신유에 관해서도 알고 있었습니다. 저는 성령님을 확실히 믿습니다. 그리고 나는 성령님이 충만케 하시고 위로부터 능력으로 옷 입히시는 것을 믿습니다. 나는 내 삶에서 능력의 부족함을 느끼고 성령님의 충만케 하심이 필요하다는 것을 압니다. 그리고 받기를 기대합니다. 거기까지는 좋습니다. 그러나 제 의견으로는 방언은 그와는 별개의 것이고 오늘날의 우리를 위한 것이 아닙니다."

성경은 뭐라고 말하고 있는가?

즉각 주님께서 내 심령에 말씀하셨습니다. 나는 그것이 성경 말씀을 통해 말씀하시는 성령님이라는 것을 알았습니다. 나를 병상에서 이끌어 내셨고 나를 신유로 이끄셨던 그 동일한 세미한 음성이 내게 물었습니다. "성경은 뭐라고 말하고 있지?"

나는 성경 말씀을 인용했습니다. "이 약속은 너희와 너희 자녀와 모든 먼 데 사람 곧 주 우리 하나님이 얼마든지 부르시는 자들에게 하신 것이라 하고"(행 2:39).

그러자 그 음성은 말했습니다. "그것이 무슨 약속이지?"

"…그리하면 성령을 선물로 받으리니"(행 2:38). "주님, 여기를 보니까 성령을 선물로 받으리라는 약속입니다." 이어서 서둘러 덧붙였습니다. "그러나 주님, 성령님은 제가 믿습니다. 제가 확신이 없는 것은 방언에 대해서입니다."

성령님께서는 언제나 말씀과 일치하여 우리를 인도하십니다. 말씀과 성령님은 일치합니다. 나는 음성들을 따라가는 것을 선호하지 않는데, 잘못된 음성들을 따라갈 수 있기 때문입니다. 그러나 하나님의 말씀과 일치하여 우리의 걸음을 인도받는다면 어떤 음성을 따라가도 우리가 잘못된 길로 가는 일은 결코 없습니다.

예수님께서 말씀하셨습니다. "그가 내 영광을 나타내리니 내 것을 가지고 너희에게 알리시겠음이니라"(요 16:14). "그가 스스로 말하지 않고." 성령님께서 말씀하신다는 사실로 인하여 하나님께 감사드립니다. 그분은 "오직 들은 것을 말하며"(요 16:13).

거듭난 그리스도인은 성령님을 가지고 있습니다. 그러나 이것이 능력으로 옷 입는 것과는 같은 것이 아닙니다. 다시 말해서 그가 성령으로 충만함을 받은 것이 아닙니다. 그러나 새로운 탄생 안에는 성령님의 역사가 있습니다. "성령이 친히 우리의 영과 더불어 우리가 하나님의 자녀인 것을 증언하시나니"(롬 8:16).

그러자 주님께서는 내게 말씀하셨습니다. "사도행전 2장 4절에는 뭐라고 되어 있지?"

나는 물론 성경 말씀을 떠올릴 수 있었습니다. 그러나 단지 당신 마음mind 속에 담아두고 있다고 해서 그것이 당신이 정말 알고 있다는 것을 의미하는 것은 아닙니다. 하나님의 말씀이 의미하는 바를 진정 알기 위해서는 당신의 영 가운데 그것에 관한 계시가 일어나야만 하는 것입니다.

나는 인용했습니다. "저희가 다 성령의 충만함을 받고 성령이 말하게 하심을 따라 다른 방언으로 말하기를 시작하니라"

그제야 나는 알아차리고 말했습니다. "'그들이 다 성령의 충만함을 받고 성령이 말하게 하심을 따라 다른 언어들로 말하기를 시작하니라…' 아, 알겠다. 알겠어. '저희가 다 성령의 충만함을 받고 다른 언어들로 말하기를 시작하니라.' 내가 성령의 충만을 받으면 나는 다른 언어들로 말하기를 시작할 거야. 주님, 이제 해결되었습니다. 지금 당장 순복음 목사님 집으로 가서 성령을 받겠습니다!"

나는 그 사람 집으로 걸어가서 문을 두드리고 말했습니다. "성령 받으러 왔습니다."

목사님은 "기다리세요."라고 말했습니다. 그날부터 오늘날까지 성령 받겠다는 사람에게 도대체 왜 기다리라고 말하는지 나는 이해할 수가 없습니다.

왜 기다릴 필요가 없는가?

어떤 사람들은 말할 것입니다. "예수님께서 제자들에게 머무르라고 말씀하신 것을 읽지 못했습니까? 머무르라는 것은 기다리라는 의미입니다." 맞습니다. 그러나 그것은 성령을 받는 공식이 아닙니다. 만약 그것이 성령을 받는 공식이라면, 그렇다면 왜 '예루살렘'이라는 말은 쏙 빼버립니까? 예수님께서는 "너희는 위로부터 능력으로 입혀질 때까지 이 성(예루살렘)에 머물라"(눅 24:49)고 하셨습니다. 그 사람들(120문도)에게는 기다리는 것만큼 예루살렘에 있는 것도 마찬가지로 필수적인 것이었습니다.

또한, 그들은 성령 충만 받기 위해 그들 자신을 예비하고 준비하며 기다린 것이 아닙니다. 그들이 기다린 것은 오순절이었습니다. 그때까지 성령님은 임할 수 없었습니다. 만약 그들이 기다리며 그들 자신을 준비하고 있었다면, 성경에는 이렇게 되어 있을 것입니다. "그들이 준비 되었을 때…" 그러나 성경에는 "오순절 날이 이미 이르매…"(행 2:1)라고 되어 있습니다.

어떤 사람들이 말했습니다. "기다리는 것은 당신을 준비 시키는 것입니다." 아니요, 그렇지 않습니다. 구원 받는 것이 당신을 준비시키는 것입니다. 동부 텍사스의 한 친구가 말했습니다. "나는 성령을 받기 전에 내가 훔친 돼지를 돌려줘야만 했어."

그것이 당신 자신을 깨끗이 하려는 노력이긴 하지만, 당신은 스스로를 깨끗케 할 수 없습니다. "…그 아들 예수의 피가 우리를 모든 죄에서 깨끗하게 하실 것이요"(요일 1:7). 만일 당신이 피로 씻겼다면, 당신은 지금 당장 준비 되어 있습니다.

고넬료와 그 집안사람들은 구원받았을 뿐만 아니라 거의

동시에 성령 충만함을 받았습니다(행 11:14-15). 그들에게는 준비할 시간이 없었습니다. 성령님이 그들에게 임했고, 그들은 방언을 말하기 시작했습니다.

만약 방언이 없었더라면 우리 이방인들은 결코 교회 안에 받아들여지지 않았을 것입니다. 그때까지는 엄격하게 유대인 중심이었습니다. 베드로 자신도 사도행전 10장에 기록된 환상을 보기 전까지는 이방인들이 구원을 받으리라고는 생각도 못했습니다. 성령이 이방인들에게 부어졌을 때 베드로와 함께 온 유대인들은 몹시 놀랐습니다. "이는 방언을 말하며 하나님 높임을 들음이러라"(행 10:46).

내가 순복음 목사님에게 "성령 받으려고 여기 왔습니다."라고 말했을 때, 그 목사님은 기다리라고 했고, 나는 엉겁결에 "오래 걸리진 않을 겁니다."라고 말해버렸습니다.

그날 밤 그 교회에 부흥 집회가 있었고 이미 저녁 6시였기 때문에, 그는 내가 기다렸다가 집회에서 성령 세례를 받기 원했습니다. 그러나 나는 준비 찬송과 설교가 끝날 때까지 기다려야 한다는 것을 알고 있었습니다. 밤 9시는 되어야 내가 강대상 앞에 나갈 수 있을 것이고, 누가 선물을 그렇게 기다리고 싶겠습니까?

현재 나는 순복음 사람들과 교제를 수년간 가져 왔는데,

그동안 내내 나는 누군가에게 성령 세례를 받기 위해 기다리라고 말 해 본 적이 없습니다. 만일 사람들이 오늘밤 구원받기를 원한다면, "기다렸다가 주일에 교회 와서 다시 구하세요." 라고 말하지 마십시오. 만일 누군가가 당신에게 그들의 치유를 위해 기도해주길 원한다면, "기다리세요."라고 말하지 마십시오. 그들은 즉각 병 고침 받기를 원합니다. 특별히 고통 중에 있는 경우는 더욱 그렇습니다. 구원은 선물이고, 병 고침도 선물이며, 성령 세례도 마찬가지입니다.

한 목사님이 언젠가 "나도 당신이 당장 성령을 받을 수 있다는 것을 알고 있습니다. 사도행전에서 그렇게 기록되어 있습니다. 그러나 당신이 오랫동안 기다려야 한다면, 그 경험은 당신에게 더 큰 의미가 있을 것입니다. 나를 예로 들어보겠습니다. 성령을 받는데 나는 3년하고도 6개월이 걸렸습니다. 나는 기다리고 또 기다렸습니다. 이제 성령님은 내게 정말 특별한 의미입니다." 라고 말했습니다.

내가 말했습니다. "이런, 불쌍한 노인네. 바울은 그걸 몰랐군요. 나는 당신이 그에게 가서 이것에 대해 말해주었으면 좋겠어요. 그는 아나니아가 그에게 손을 얹자마자 성령을 받았어요. 그는 기다리지도, 머뭇거리지도, 구하지도 않았어요. 그러나 그 후에 그가 한 일이라고는 신약 성경의 절반을 쓴 것이지요.

물론, 그는 어떤 교단이 500년 동안 해낸 일보다 더 큰 일을 38년 동안 사역하며 혼자 해내긴 했지요. 그러나 당신이 그에게 찾아가서 3년하고 6개월만 더 기다리라고 말할 수만 있었다면, 아마 성령님은 그에게 특별한 의미가 되었겠지요."

나의 간절함을 보고 그 순복음 목사님은 마지못해 말했습니다. "좋아요, 그럼 들어오세요." 나는 거실로 들어가서 큰 의자 앞에 무릎을 꿇었습니다. 나는 내 주위 모든 것에서 관심을 끊고, 눈을 감고, 두 손을 들었습니다. 아무도 내게 말해주지 않았지만, 나는 그냥 두 손을 들었습니다.

어떻게 선물을 받는가

"사랑하는 주님, 제가 성령을 받기 위해 여기 왔습니다." 나는 사도행전 2장 39절과 사도행전 2장 4절에서 방금 배운 대로 반복해서 기도했습니다. 그리고 나서 "주님의 말씀에 성령님은 선물이라고 하셨습니다. 그러므로 나는 성령님은 믿음으로 받는다는 것을 깨달았습니다. 나는 믿음으로 구원의 선물을 받았습니다. 나는 믿음으로 내 몸이 병 고침을 받았습니다. 이제 나는 주님께서 약속하신 선물을 받습니다."

여기서 잠깐 성령님이 오순절날 임하셔서 지금도 여전히 계시다는 것을 지적하고 싶습니다. 하나님께서는 오순절날 이래로 어느 누구에게도 성령을 주시지 않았습니다. 우리가 그분을 받는 것은 이제 우리의 문제입니다.

나는 사도행전 어디에서도 제자들이 누군가에게 "하나님께서 당신에게 성령을 주셨습니까?"라고 묻는 장면을 찾을 수가 없습니다. 그들이 "너희가 받았느냐?"라고 물어본 장면은 기록되어 있습니다. 바울이 에베소 사람들에게 "하나님께서 너희에게 성령을 주셨느냐?"라고 묻지 않았습니다. 그는 "너희가 믿을 때에 성령을 받았느냐"(행 19:2)라고 했습니다.

중요한 것은 하나님께서 주시는 것에 있지 않습니다. 왜냐하면 하나님께서는 이미 그렇게 하셨기 때문입니다. 중요한 것은 사람의 받는 것에 있습니다.

성경 말씀에 "하나님이 오른손으로 예수를 높이시매 그가 약속하신 성령을 아버지께 받아서 너희가 보고 듣는 이것을 부어 주셨느니라"(행 2:33).

> 예루살렘에 있는 사도들이 사마리아도 하나님의 말씀을 받았다 함을 듣고 베드로와 요한을 보내매 그들이 내려가서 그들을 위하여 성령 받기를 기도하니
> 행 8:14-15

"성령 받기를"이라고 된 부분을 주의하여 보십시오. 베드로와 요한은 하나님께서 사마리아 사람들에게 성령을 주시도록 기도하지 않았습니다. 그들은 하나님께서 그들에게 성령을 부어주시도록 기도조차 하지 않았습니다. 그들은 그들이 성령 받기를 기도했습니다. "이에 두 사도가 그들에게 안수하매 성령을 받는지라"(행 8:17).

> 아나니아가 떠나 그 집에 들어가서 그에게 안수하여 이르되 형제 사울아 주 곧 네가 오는 길에서 나타나셨던 예수께서 나를 보내어 너로 다시 보게 하시고 성령으로 충만하게 하신다 하니
> 행 9:17

아나니아는 "하나님께서 네게 성령을 주시도록 너를 위해 기도하라고 나를 보내셨다."라고 하지 않았습니다. 그는 "하나님께서 그분의 성령을 네게 부으시도록 너를 위해 기도하라고 나를 보내셨다."라고 하지 않았습니다. 아나니아는 "나를 보내어 너로 성령으로 충만하게 하신다."라고 했습니다.

우리는 하나님께 구원을 보내 주셔서 누군가를 구원해달라고 기도하지 않습니다. 그 사람이 해야 할 것이라고는 받는 것뿐입니다. 우리는 하나님께 병 고침을 보내 주셔서 누군가를 치유해

달라고 기도하지 않습니다. 우리는 그 사람이 병 고침을 받도록 기도합니다. 또한 우리는 하나님께서 그분의 영을 보내셔서 갈급한 심령을 채워달라고 기도하지도 않습니다. 우리에게 필요한 것은 단지 우리의 마음heart을 열어 받는 것뿐입니다.

1937년 4월 그 목사님 사택에서 나는 주님께 말씀드렸습니다. "성령님은 선물입니다. 나는 믿음으로 구원을 받았습니다. 나는 3년 전 믿음으로 내 몸의 병 고침을 받았습니다. 이제 나는 믿음으로 성령의 선물을 받습니다. 그리고 나는 이제 성령을 받았기 때문에 주님께 감사드리고 싶습니다."

우리가 방언을 말하고 나서야 성령 받은 것을 알게 되는 것이 아니라는 것을 주목하십시오. 성령을 받는 것이 먼저이고, 그러고 나서야 방언을 말하는 것입니다. "그들이 다 성령의 충만함을 받고 성령이 말하게 하심을 따라 다른 언어들로 말하기를 시작하니라"(행 2:4).

다른 방언으로 말하는 것은 성령을 받은 결과입니다. 우리는 먼저 성령을 받는 것입니다.

나는 주님께 말씀드렸습니다. "나는 성령을 받았습니다. 그분은 내 안에 계십니다. 예수님께서 '너희 속에 계시겠음이라'고 약속하셨기 때문입니다. 나는 내가 성령을 받았다는 것을 내 심령 가운데 믿기 때문에, 나는 그것을 내 입으로 말합니다.

오순절날 그들이 그랬으므로, 이제 나도 성령으로 말하기를 기대합니다. 그리고 나는 말할 것입니다. 하나님 감사합니다. 나는 성령을 받았습니다. 나는 그것을 믿습니다. 그리고 나는 이제 성령께서 말하게 하심을 따라 방언을 말하겠습니다."

나는 내가 받은 성령님과 성령님께서 내게 주시려는 방언에 대해 감사하게 생각해서 "할렐루야, 할렐루야" 하고 말했습니다. 그러나 내가 그렇게 했을 때, 그때보다 영적으로 더 메마른 느낌을 가져본 적이 없습니다.

느낌과 믿음은 서로 아주 멀리 떨어져 있어서, 때때로 당신이 가장 작은 믿음을 가지고 있다고 느낄 때, 사실은 당신이 가장 큰 믿음을 가지고 있는 경우가 있습니다. 그래서 나는 그 말에 숨이 마치는 듯 했지만 "할렐루야" 하고 7번인가 8번을 말했습니다.

방언을 말하다!

내가 "할렐루야" 하고 여덟 번쯤 말했을 때, 너무 빠르지도 않고 너무 느리지도 않게, 내 안의 저 밑에서 새로운 단어들이 생겨났습니다. 그것은 마치 그 단어들이 내 속에서 돌아다니는 것 같았습니다. 마치 말하기 시작만 하면 어떤 소리가 날지 알 것 같았기 때문에 나는 그 단어들을 입 밖으로 말하기 시작했습니다. 그리고는 내가 처음 그 목사님 집 문을 두드린 후 8분 만에 나는 방언을 말하고 있었습니다! 그 목사님은 기다리라고 했지만, 나는 기다리는 대신 한 시간 반을 방언으로 기도하며 보냈습니다.

나는 물론 하나님을 섬기기 위해 기다리는 것이 필요하다고 믿습니다. 우리는 성령 충만함을 이미 받은 모든 사람들을 위해 "기다리는 집회"를 가져야 합니다. 성령 충만하여 머물러 기다리는 것이 성령 충만함이 없이 그러는 것보다 훨씬 좋은 것입니다.

내가 방언을 말하는 한 시간 반 동안 나는 주님 안에서 영광스러운 시간을 누렸습니다. 방언을 말하는 것은 당신을 세웁니다. "방언을 말하는 자는 자기의 덕을 세우고…"(고전 14:4). 이것이 영적으로 향상시키는 것이요 세우는 것입니다.

언어학자들은 "세우다"edify라는 단어보다 그리스어 원문의 뜻에 더 가까운 단어가 있다고 하는데, 그것은 "채우다, 충전하다"charge라는 단어입니다. 우리는 배터리를 충전합니다. 그것을 세우는 것입니다. 바울이 말하기를 "방언을 말하는 자는 자기의 덕을 세우고…"라고 했습니다. 그는 스스로를 충전하는 것입니다. 그는 배터리처럼 그 자신을 충전하는 것입니다.

성령 세례를 받은 후에도 나는 내가 설교해오던 것을 그대로 설교해 왔습니다. 단지 성령님에 관한 이 가르침을 덧붙였을 뿐입니다. 성령님께서는 사역자가 그의 비전을 넓히는 것을 도와주실 것입니다.

나의 비전이 확장되다

 나는 이렇게 말했습니다. "나는 예수님께서 구원하시고 치유하시는 것을 전하겠습니다. 나는 예수님께서 성령으로 충만하게 하시고 또한 그분이 다시 오신다는 것을 전하겠습니다. 이제 나는 대서양 해안에서 태평양 해안까지 전하고 다닐 것입니다. (나는 텍사스보다 훨씬 더 큰 것을 품게 되었습니다. 성령님께서 당신의 비전을 텍사스보다 훨씬 크게 만들어주실 것입니다!) 나는 로스앤젤레스에서 뉴욕까지 그것을 전할 것입니다. 나는 멕시코 만에서 캐나다 국경까지 그것을 전할 것입니다."

 그리고 하나님께서는 내가 그것을 감당할 수 있도록 나의 사역을 축복해주셨습니다. 내가 현장 사역에 몸담고 있던 여러 해 동안, 나는 미국과 캐나다를 백만 마일 이상 내 자동차로 여행했습니다.

나는 처음에는 지역교회 목사로, 그리고 북아메리카를 누비던 전도자로, 그리고 이제 국제적인 선지자와 교사로, 지금까지 반세기에 걸쳐 우리 주 예수 그리스도의 영광스런 복음을 선포해 왔습니다.

02

이리로 올라오라

주님께서 내 인생을 계속 다루시면서, 여러 번 환상을 통해 내게 나타나셨습니다.

환상에 관해 성경적으로 이해하기 위해서 오순절날로 다시 돌아가 봅시다. 성령님의 강력한 기름 부으심의 인도를 따라, 베드로는 120명이 다른 방언으로 말하는 놀라운 광경을 보기 위해 몰려온 군중들에게 담대하게 설교했습니다.

그 군중들에게 했던 베드로의 설교의 일부가 사도행전 2장에 기록되어 있습니다.

베드로가 열한 사도와 함께 서서 소리를 높여 이르되 유대인들과 예루살렘에 사는 모든 사람들아 이 일을 너희로 알게 할 것이니 내 말에 귀를 기울이라 때가 제 삼 시니 너희 생각과 같이 이 사람들이 취한 것이 아니라 이는 곧 선지자 요엘을 통하여 말씀하신 것이니 일렀으되 하나님이 말씀하시기를 말세에 내가 내 영으로 모든 육체에 부어 주리니 너희의 자녀들은 예언할 것이요 너희의 젊은이들은 환상을 보고 너희의 늙은이들은 꿈을 꾸리라 그 때에 내가 내 영을 내 남종과 여종들에게 부어 주리니 그들이 예언할 것이요 또 내가 위로 하늘에서는 기사와 아래로 땅에서는 징조를 베풀리니 곧 피와 불과 연기로다 주의 크고 영화로운 날이 이르기 전에 해가 변하여 어두워지고 달이 변하여 피가 되리라 누구든지 주의 이름을 부르는 자는 구원을 받으리라 하였느니라   행 2:14-21

놀란 군중은 성도들이 다른 방언으로 말하는 것에 놀라 "다 놀라며 당황하여 서로 이르되 이 어찌 된 일이냐 하며 또 어떤 이들은 조롱하여 이르되 그들이 새 술이 취하였다 하더라"(행 2:12-13)라고 되어 있습니다. 그러나 베드로는 "이는 곧 선지자 요엘을 통하여 말씀하신 것이니"(행 2:16)라고 담대하게 선포하였고, 요엘의 예언을 되풀이했습니다.

그 후에 내가 내 영을 만민에게 부어 주리니 너희 자녀들이 장래 일을 말할 것이며 너희 늙은이는 꿈을 꾸며 너희 젊은이는 이상을 볼 것이며 그 때에 내가 또 내 영을 남종과 여종에게 부어 줄 것이며 내가 이적을 하늘과 땅에 베풀리니 곧 피와 불과 연기 기둥이라 여호와의 크고 두려운 날이 이르기 전에 해가 어두워지고 달이 핏빛 같이 변하려니와 누구든지 여호와의 이름을 부르는 자는 구원을 얻으리니 이는 나 여호와의 말대로 시온 산과 예루살렘에서 피할 자가 있을 것임이요 남은 자 중에 나 여호와의 부름을 받을 자가 있을 것임이니라

욜 2:28-32

다른 말로 하면, 베드로는 사람들이 목격하고 있던 이 현상이 수 세기 전 하나님의 선지자를 통해 이미 예언된 것이라고 설명한 것입니다. 그것은 새로운 시대, 즉 하나님의 은혜의 새날과 요엘이 말한 "마지막 날"의 시작을 알리는 것입니다.

젊은이의 환상

요엘의 예언이 성취된 것과 성령님의 기름 부으심의 하나는 "젊은이는 이상을 볼 것이며"(욜 2:28)입니다. 확대번역 성경에는 "너희의 젊은이들이 환상(즉 하나님께서 보여주신 형상)을

볼 것이며"라고 되어 있습니다. 다음 장에서는 내가 33살의 젊은이였을 때 하나님께서 보여주신 형상에 대해 말하고자 합니다.

이 경험을 할 당시 나는 1950년 8월 말과 9월 초에 걸쳐 텍사스 락웰에서 천막 집회를 인도하고 있었습니다. 9월 2일 토요일, 하루 종일 비가 왔는데, 억수같이 쏟아지는 폭우는 아니었고, 천천히 부드럽게 대지를 흠뻑 적시는 그런 비였습니다.

저녁 집회 시간에도 여전히 비가 오고 있었는데, 우리가 천막에 도착해 보니 사람들이 겨우 40명 정도만 참석해 있었습니다.

락웰은 텍사스 중북부의 흑토지대에 있는데, 그 지역에는 만일 마른 날 당신이 흑토지대에 머물러 있으면, 비가 올 때 흑토가 당신을 잡아둘 것이라는 속담이 있습니다. 그 집회에 참석하던 많은 사람들이 시골에 살고 있었고, 그들은 비와 진흙 때문에 그날 밤 집회에 참석할 수 없었습니다. 그래서 사람들이 적었던 것입니다.

참석한 사람들 모두가 기독교인이었기 때문에 나는 성경을 가르치고 사람들에게 앞으로 나와 기도하라고 초청했습니다. 그때가 9시 반 정도 되었을 때였습니다. (여기서 한 가지 짚고 넘어갈 것이 있습니다. 나는 어떤 일이 벌어질지 아무 기대도 없었습니다. 그것은 마치 내가 달에 처음으로 발 디딘 사람이 될 것이라고 기대하지 않았던 것과 마찬가지입니다. 어떤 특별한 기도나 금식을 하고 있지도 않았습니다. 그런 경험을 해야겠다고 기도하고 있지도 않았습니다. 사실은 그런 일에 대해 생각조차 해 본 적이 없었습니다.)

강단을 둘러서서 모든 사람이 기도하고 있었고, 나는 강단 위에서 강대상 근처 접는 의자 옆에 무릎을 꿇고 기도하고 있었습니다. 내가 방언으로 기도하기 시작했을 때, 한 음성을 들었습니다. "이리로 올라오너라." 처음에는 내게 말을 한 것이라고 알아차리지 못했습니다. 난 사람들 모두 그 음성을 들은 줄로 생각했습니다.

예수님을 만나다

"이리로 올라오너라." 그 음성이 다시 들렸습니다. 그제야 내가 보니 예수님께서 천막의 꼭대기쯤에 서 계신 것을 보았습니다. 내가 다시 올려다보니, 천막은 사라졌고, 접는 의자들도 사라졌고, 텐트 기둥들이 모두 사라졌고, 강대상도 없어졌고, 하나님께서는 내가 영의 세계를 볼 수 있도록 허락하셨습니다.

예수님은 거기 서 계셨고, 나는 그분 앞에 서 있었습니다. 그분은 면류관을 들고 계셨습니다. 이 면류관은 너무 아름다워서 인간의 언어로는 묘사할 수조차 없습니다.

예수님께서 내게 말씀하셨습니다. "이것은 영혼을 구원하는 자에게 주는 면류관이다. 내 백성이 너무 무관심하고 무감각하구나. 이 면류관은 나의 모든 자녀들을 위한 것이다. 내가 '가서 이 사람에게 말하라, 또는 저 사람을 위해 기도하라'고 말하지만, 내 백성이 너무 바쁘구나. 그들은 이 일을 미루고 있고, 그들의 불순종으로 영혼들을 잃어버리고 있다."

예수님께서 이 말씀을 하실 때, 나는 그분 앞에서 울었습니다. 나는 무릎을 꿇고 내가 순종하지 못했던 것들을 회개했습니다. 그러자 예수님은 내게 다시 말씀하셨습니다. "이리로 올라오너라." 우리가 아름다운 도시에 이를 때까지 나는 그분과 함께 공중으로 간 것 같습니다. 실제로 우리가 그 도시 안에 들어가지는 않았지만, 산위에 올라가서 골짜기의 도시를 내려다보듯이 우리는 그 도시를 가까이서 봤습니다. 그 아름다움은 말로 형용할 수가 없습니다!

사람들은 이기적이게도 자기는 천국에 갈 준비가 되었노라고 한다고 예수님께서 말씀하셨습니다. 그들 주위의 많은 사람들이 어둠과 절망 가운데 살고 있는데도 그들은 그들의 천국에서 누릴 저택과 영광들만 얘기합니다. 예수님께서는 내가 나의 소망을 어둠과 절망 가운데 살고 있는 사람들과 나눠야 하며 그들을 나와 함께 천국에 오도록 초청해야 한다고 말씀하셨습니다.

그러고는 예수님께서 내게 돌아서서 말씀하셨습니다. "이제 지옥으로 내려가자."

우리는 천국에서 다시 아래로 내려갔고, 우리가 지상에 이르러서도, 우리는 멈추지 않고 계속 내려갔습니다. 수많은 성경 구절들이 지옥에 대해 우리 아래에 존재하는 것으로 표현합니다. "아래의 스올이 너로 말미암아 소동하여 네가 오는 것을 영접하되 … 그러나 이제 네가 스올 곧 구덩이의 맨 밑에 떨어짐을 당하리로다"(사 14:9, 15). "스올이 욕심을 크게 내어 … 거기에 빠질 것이라"(사 5:14).

우리는 지옥으로 내려갔고, 우리가 그곳에 들어가면서 나는 인간의 형상을 한 것이 화염에 휩싸여 있는 것을 보았습니다. 나는 "주님, 이것은 1933년 4월 22일에 제가 죽어서 이곳에 왔을 때와 똑같아 보입니다. 주님께서 말씀하셔서 제가 여기서 빠져나와 다시 돌아갔습니다. 그러고 나서 저는 주님의 용서를 구하며 회개하며 기도했고 주님께서는 저를 구원하셨습니다. 지금 그때와 다르다고 느끼는 한 가지가 있다면 그것은 제가 그때처럼 두려워하지도 겁에 질리지도 않은 것입니다."

"이곳에 대해 사람들에게 경고하라." 예수님께서 내게 말씀하셨고, 나는 눈물로 그러겠노라고 울부짖었습니다.

그러자 그분은 나를 다시 지상으로 데려가셨습니다. 나는 강단 위 접는 의자 옆에 무릎을 꿇고 있다는 것을 깨달았고, 예수님께서는 내 옆에 서계셨습니다. 그분은 그렇게 서계시면서 나의 사역에 대해 말씀하셨습니다. 그분은 몇 가지 일들을 일반적으로 말씀하셨는데, 나중에 다른 환상에서 그에 관해서 자세하게 다시 설명해 주셨습니다. 그리고 나서 예수님은 사라지셨고, 나는 내가 여전히 강단 위에 무릎을 꿇고 있다는 것을 깨달았습니다. 나는 내 주위에서 기도하는 사람들의 소리를 들을 수 있었습니다.

하나님의 사자

그때쯤 성령님이 내게 다시 임했습니다. 마치 바람이 내게 불어오는 듯했고, 나는 바닥에 얼굴을 대고 납작하게 엎드려졌습니다. 내가 하나님의 능력아래 누워 있으면서, 미국의 대평원에 서 있으면 수마일 밖을 볼 수 있는 것과 마찬가지로, 마치 내가 우주 어딘가에 있는 높은 평원에 서있는 것처럼 수마일 밖도 볼 수 있었습니다.

나는 내 주위를 모두 둘러보았지만, 어디에도 생명체의 흔적은 없었습니다. 어떤 종류의 나무나 풀도 없으며 꽃이나 채소도 없었습니다. 새도 동물도 없었습니다. 나는 몹시 외로워졌습니다. 나는 내가 무릎 꿇고 있던 강단 주변의 어떤 것도 인식할 수 없었습니다.

내가 서쪽을 바라보자, 지평선 위에 하나의 작은 점 같은 것이 나타난 것을 보았습니다. 그것은 내가 볼 수 있는 것 중 유일하게 움직이는 것이었습니다. 내가 그것을 보니까, 그것은 점점 커지면서 모양과 형체를 띠며 내게 다가왔습니다.

나는 곧 그것이 말이라는 것을 알 수 있었습니다. 그 말이 다가오면서 나는 그 말 위의 한 사람을 볼 수 있었습니다. 그는 전속력으로 나를 향해 말을 달리고 있었습니다. 그가 다가오면서 그가 오른손으로는 말의 고삐를 잡고, 머리 높이 치켜든 그의 왼손에는 종이 두루마리 하나를 들고 있는 것을 볼 수 있었습니다.

그 말 탄 사람이 내게 다가와 고삐를 당겨 멈춰 섰습니다. 나는 그의 오른편에 서 있었습니다. 그는 그 두루마리를 왼손에서 오른손으로 옮긴 후 그것을 내게 건네주었습니다.

내가 그 두루마리를 열어보니, 거의 12인치에서 14인치 정도 되는 길이였는데, 그는 "받아서 읽어보시오."라고 말했습니다. 페이지의 맨 꼭대기에는 크고 굵은 검정색 글씨로, "전쟁과 파괴"라고 써 있었습니다. 나는 너무 놀라 말문이 막혔습니다. 그는 내 머리에 오른손을 얹고는 "예수 그리스도 이름으로 명하노니, 읽으시오!"라고 했습니다.

나는 그 종이에 쓰인 것들을 읽기 시작했고, 내가 그것들을 읽어 내려갈 때, 읽은 내용들이 눈에 보였습니다.

처음 나는 제복을 입은 셀 수 없이 많은 남자들에 대해 읽었습니다. 그리고 쳐다보니, 이 남자들이 행진하는 것을 보았는데, 전쟁터로 행진해 나가는 군인들의 거대한 물결들 같았습니다. 그들이 가는 방향을 보니, 내가 볼 수 있는 데까지 수천 명의 사람들이 행진하고 있었습니다.

나는 눈을 돌려 그 두루마리를 다시 읽었고, 내가 방금 읽은 것들을 보게 되었습니다. 나는 많은 여자들을 보았는데, 그들은 머리가 하얗게 센 할머니들, 중년의 부인들, 젊은 아가씨들, 그리고 십대 소녀들이었습니다. 젊은 여자들 중의 어떤 이들은 팔에 아기를 안고 있었습니다. 모든 여자들은 함께 슬픔으로 몸을 구부리고 하염없이 울고 있었습니다. 아기를 안고 있지 않은 여자들은 그들의 배에 손을 올려놓고 몸을 굽히고 울었습니다.

눈물이 그들의 눈에서 물처럼 쏟아졌습니다.

나는 두루마리를 다시 보았고, 내가 읽은 것들을 다시 보게 되었습니다. 큰 도시의 윤곽이 보였습니다. 자세히 보니, 마천루들이 불 타버리고 뼈대만 남은 몰골이었습니다. 도시의 많은 부분들이 폐허가 되어 있었습니다. 두루마리에는 한 도시만 파괴되고, 불타고, 폐허가 된다고 되어 있지 않고, 그런 도시들이 많을 것이라고 쓰여 있었습니다.

미국의 마지막 부르심

두루마리는 1인칭으로 쓰여 있었고, 마치 예수님께서 직접 말씀하시는 것 같았습니다. "미국은 마지막 부르심을 받고 있다. 어떤 나라들은 이미 마지막 부르심을 받았고 또 다시 받는 일은 결코 없을 것이다."

그리고 큰 글씨로 "만물의 마지막 때가 가까이 왔다."라고 써 있었습니다. 이 문장은 네다섯 번 반복되어 있었습니다. 예수님께서는 또한 이것이 마지막 거대한 부흥이라고 말씀하셨습니다.

계속해서 말씀하셨습니다. "성령의 모든 은사들이 이 마지막 날에 교회 안에서 일어날 것이며, 교회는 초대 교회보다도 더 큰 일들을 행할 것이다. 교회는 사도행전에 기록된 것보다 더 큰 능력과 기사와 이적들을 행할 것이다." 우리가 많은 병 고침을 보고 경험하긴 했지만, 이제까지 본 적도 없는 놀라운 기적들을 이제 우리가 목격하게 될 것이라고 말씀하셨습니다.

예수님께서는 계속 말씀하셨습니다. "이제 임박한 마지막 날에는 더욱 더 많은 기적들이 일어날 것인데, 이는 기적을 행하는 은사들이 더 두드러지는 시기이기 때문이다. 이제 우리는 기적의 시대에 들어왔다."

"내 백성 중 많은 수가 내 영이 행하는 것을 받아들이지 않을 것이며, 되돌아 갈 것이며, 나의 재림 때에 나를 만날 준비를 하지 않을 것이다. 많은 이들이 거짓 선지자와 사탄에게서 나온 기적들에 속을 것이다. 그러나 하나님의 말씀과 하나님의 영, 그리고 나를 따라오는 사람은 속지 않을 것이다. 내가 나의 백성들을 모아 준비시키고 있으니, 이는 시간이 촉박하기 때문이다."

속지 말고 깨어 기도하라고 하는 경계의 충고가 몇 가지 더 있었습니다. 그리고 그곳에는 이렇게 되어 있었습니다. "노아의 때에 된 것과 같이 인자의 때에도 그러하리라. 내가 노아에게 '지금부터 칠 일이면 내가 사십 주야를 땅에 비를 내려 내가 지은 모든 생물을 지면에서 쓸어버리리라'(창 7:4)라고 했던 것 같이, 오늘날 내가 미국을 향해 마지막으로 경고하며 회개하고 돌아오도록 부르고 있다. 남은 날은 노아의 때의 마지막 칠일에 비교될 만할 것이다."

'심판이 가까왔느니라'

"노아가 그의 세대에 그러했듯이 너는 이 세대에 경고하라. 심판이 임박했기 때문이다. 그리고 이 말들은 금방 이루어질 것이다. 왜냐하면 내가 곧 다시 올 것이기 때문이다." 예수님께서 거듭 말씀하셨습니다. "이번이 마지막 부흥이다. 나는 나의 재림을 위해 내 백성들을 준비하고 있다. 심판이 다가오고 있다. 그러나 최악의 상황이 임하기 전에, 내가 내 백성들을 바로 내게로 불러내겠다. 신실하게 깨어 기도하라. 만물의 때가 임박했기 때문이다."

내가 이 환상을 보았을 때, 자연스럽게 나는 이 장면들의 의미가 미국이 전쟁으로 황폐하게 되는 것이라고 해석했습니다. 그러나 내가 1960년대의 학생 데모와 인종 폭동으로 인한 파괴의 장면을 텔레비전과 신문 사진으로 보았을 때, 나는 이 장면들이 이 비전이 부분적으로 이루어진 것이라는 것을 깨달았습니다. (이것이 바로 하나님께서 보여주시는 것들을 자의적으로 해석하지 않는 것이 그렇게도 중요한 이유입니다.)

그날 밤 천막집회에 참석했던 사람들은 말하기를 내가 두루마리를 30분 정도 소리 내어 읽었다고 했습니다. 그 내용을 모두 기억하지는 못합니다. 나는 그 두루마리를 말 탄 사람에게 건네주었고, 그는 그가 왔던 방향으로 말을 달려 돌아갔습니다.

그제야 나는 내가 여전히 얼굴을 바닥에 대고 납작 엎드려 있다는 것을 깨달았고, 이 기적 같은 은총에 영광을 느끼며 몇 분 정도 그렇게 있었습니다.

다시 나는 한 목소리를 들었습니다. "이리 올라오너라. 하나님의 보좌로 올라오너라."

하나님의 보좌

나는 다시 예수님께서 천막 꼭대기 부근에 서 계신 것을 보았고 나는 공중으로 그분께 갔습니다. 내가 그분께 다다랐을 때, 우리는 함께 하늘로 올라갔습니다. 우리는 하나님의 보좌에 나아갔고, 나는 그 찬란한 광채를 보았습니다. 나는 감히 하나님의 얼굴을 올려다볼 수 없었습니다. 나는 단지 그분의 형태만 보았습니다.

처음 내 주의를 끈 것은 보좌 부근의 무지개였습니다. 그것은 매우 아름다웠습니다. 두 번째로 내가 주목한 것은 보좌 양편의 날개 달린 생물이었습니다. 그들은 정말 기묘하게 생긴 생물이었고, 내가 예수님과 함께 걸어갈 때, 이 생물들이 날개를 뻗치며 서있었습니다. 그들은 무언가를 말하고 있다가 멈추더니 날개를 접었습니다. 그들은 머리를 삥 둘러서 불꽃의 눈을 갖고 있어서 사방을 동시에 보고 있었습니다.

나는 보좌로부터 6~7미터 정도 되는 지점 한복판에 예수님과 함께 섰습니다. 나는 제일 먼저 무지개를, 그리고 날개달린 생물들을 쳐다본 후, 보좌 위에 앉으신 분을 바라보기 시작했습니다. 예수님께서는 그분의 얼굴을 쳐다보지 말라고 일러주셨습니다. 나는 단지 보좌 위에 앉으신 존재의 형상만을 볼 수 있었습니다.

예수님께서는 거의 한 시간 동안 나와 얘기하셨습니다. 나는 이생에서 누군가를 보듯 편안하게 그분을 바라보면서 그분이 말씀하시는 것을 들었습니다.

사랑을 들여다보다

처음으로 나는 예수님의 눈을 실제로 들여다보았습니다. 많은 경우 이 경험을 얘기하면 사람들이 이렇게 묻곤 합니다. "그분의 눈은 어떻게 생겼던가요?" 내가 말할 수 있는 것이라고는 마치 살아있는 사랑의 우물 같다는 말 뿐입니다. 그것은 마치 수백 미터나 되는 깊이를 가진 듯 했고, 그분의 사랑의 온화함은 말로 표현할 길이 없습니다. 내가 그분의 얼굴을 보았을 때, 나는 그분의 발 앞에 엎드렸습니다.

나는 당시 그분께서 맨발이심을 알았고, 나는 내 손바닥을 그분의 발 위에 올려놓고, 내 이마를 내 손등위에 대었습니다. 나는 울면서 말했습니다. "오 주님, 저 같은 사람이 감히 주님의 얼굴을 보다니요!"

예수님께서는 나보고 일어서라고 하셨고 나는 일어났습니다. 그분께서는 내가 그분의 얼굴을 볼 자격이 있다고 하셨는데, 그것은 주님께서 나를 부르셨고, 나의 모든 죄를 깨끗이 씻으셨기 때문입니다. 주님은 내 사역에 관해 얘기하셨습니다. 그분은 이어서 내가 태어나기도 전에 나를 부르셨다고 하셨습니다. 그분은 사탄이 여러 차례 내 생명을 파괴하려고 애썼지만, 그분의 천사들이 나를 지키고 돌봐주었다고 하셨습니다.

예수님께서는 내가 태어나기 전에 어머니에게도 나타나셔서 "두려워 말라. 그 아이가 태어날 것이다."라고, 그리고 내가 성령님의 능력 안에서 사역할 것이고, 그분이 나를 부르신 대로 그 사역을 이룰 것이라고 말씀하셨노라고 하셨습니다.

그리고 그분은 내가 마지막으로 돌봤던 교회에 대해 말씀하셨습니다. 1949년 2월, 그 당시 내가 내 사역의 첫 단계에 들어섰다고 하셨습니다. 그분은 그분이 부르신 어떤 사역자들은 그들의 향한 부르심의 첫 단계에도 들어가지 못한 채 살다가 죽는다고 하셨습니다. 예수님께서는 많은 사역자들이 너무 일찍 죽는 이유가 바로 그것이며, 그들은 그분의 허락하신 뜻 안에서만 살고 있다고 덧붙이셨습니다.

하나님의 허락하신 뜻

15년 동안 나는 오직 그분의 허락하신 뜻 안에만 있었습니다. 나는 목사로서 12년, 전도자로서 3년 동안 사역하고 있었습니다. 그동안 하나님께서는 내게 그 일을 하도록 허락하시긴 했지만, 그것이 내 인생을 향한 하나님의 완전한 뜻은 아니었습니다. 그리고 내가 그분을 기다린 것이 아니라 그분께서 내가 복종할 때까지 나를 기다려오셨다고 말씀하셨습니다.

그리고 주님께서는 1949년 내가 내 사역의 첫 단계로 들어갔던 때에 관해 얘기하셨습니다. 그분은 내가 신실하지 못했고, 주님께서 내게 하라고 하신 것들을 하지 않았다고 하셨습니다. 주님께서 내게 말하라고 말씀하신 것들을 내가 사람들에게 말하지 않았다는 것이었습니다. 나는 대답했습니다. "주님, 저는 불성실하지 않았습니다. 저는 주님께 복종했습니다. 제가 저의 교회를 떠나 전도 현장으로 나가지 않았습니까?"

"그래," 주님께서 말씀하셨습니다. "네가 교회를 떠나 전도 사역으로 나왔지. 그러나 너는 내가 네게 하라고 한 것들을 하지 않았다. 네가 순종하지 않았던 이유는 네가 들은 말이 성령으로부터 온 것인지를 의심했기 때문이다. 너도 알다시피, 기록된 하나님의 말씀이든, 아니면 내 영이 사람에게 말하는 것이든, 믿음이란 내 말에 순종하는 것이다."

나는 그분 앞에 엎드려 말했습니다. "그렇습니다, 주님. 제가 잘못했습니다. 죄송합니다." 나는 눈물을 쏟으며 그분의 뜻을 놓친 것과 그분께서 나를 다루신 것을 의심했던 것을 회개했습니다.

"일어서거라." 그분이 말씀하셨습니다. 내가 그분 앞에 다시 일어섰을 때, 그분은 내가 1950년 1월 내 사역의 두 번째 단계에 들어갔고, 그 당시 예언과 심령 속의 세미한 음성으로 내게 말씀하셨다고 하셨습니다. 이 두 번째 단계 8개월 동안 나는 믿음을 가졌고, 신실했으며, 순종했던 것입니다.

이제 내가 세 번째 단계로 들어가려 한다고 말씀하셨습니다. 만일 내가 그분께서 말씀하시는 것을 신실하게 행한다면, 즉 내가 그분을 믿고 순종한다면, 그분은 내게 다시 나타나시겠다고 하셨습니다. 그러면 그 때 나는 내 사역의 네 번째, 즉 마지막 단계로 들어가게 될 것이라고 하셨습니다.

예수님의 상처를 보다

예수님께서 내게 말씀하셨습니다. "네 손을 뻗어보라!" 그분은 그분의 손을 앞으로 내어 보이셨고 나는 그분의 두 손을 들여다보았습니다. 몇 가지 이유로 나는 그 분의 양손 못 박히셨던 자리에 작은 흉터들을 보리라고 기대했습니다. 내가 더 잘 알았어야 했지만, 많은 경우 우리는 실제로는 성경적이지 않은 개념임에도 그것들을 믿음으로 받아들이곤 합니다.

흉터 대신에 내가 그분의 손바닥에서 본 것은 십자가에 못 박히심으로 생긴 톱니 모양으로 찢어진 삼각형 구멍이었습니다.

각각 내 손가락을 그 안에 넣을 정도로 큰 구멍이었습니다. 구멍 반대편의 빛을 볼 수 있었습니다.

환상을 본 후 내 성경을 가져다가 요한복음 20장을 펴서 그리스도께서 부활 후 그 제자들에게 나타나신 장면을 읽었습니다.

그분께서 그들에게 처음 나타나셨을 때, 도마는 그들과 함께 있지 않았습니다. 그들이 도마에게 주님을 만났다고 했지만, 도마는 믿지 않으며 이렇게 말했습니다. "내가 그의 손의 못자국을 보며 내 손가락을 그 못 자국에 넣으며 내 손을 그 옆구리에 넣어 보지 않고는 믿지 아니하겠노라 하니라"(요 20:25).

팔일 후 도마를 포함한 제자들이 방에 함께 모여 있을 때, 예수님께서 그들 가운데 다시 나타나셨습니다. 주님은 도마를 향하여 말씀하셨습니다. "네 손가락을 이리 내밀어 내 손을 보고 네 손을 내밀어 내 옆구리에 넣어 보라 그리하고 믿음 없는 자가 되지 말고 믿는 자가 되라." 그제야 도마는 예수님이신 것을 알고는 "나의 주님이시요 나의 하나님이시니이다"(요 20:27-28)라고 소리쳤습니다.

나는 도마가 보았던 것에 관해 더 깊은 통찰을 갖게 되었습니다. 그는 그의 손가락을 예수님 손의 상처에 넣어 볼 수 있었고, 주님의 옆구리에 손을 넣어볼 수도 있었습니다.

내가 내 앞에 뻗으신 그분 손의 상처를 보았을 때. 나는 그분의 지시대로 내 손을 앞으로 뻗었습니다. 주님께서는 주님의 오른손 손가락을 내 오른손과 왼손 손바닥에 차례로 올려놓으셨습니다. 그 순간 타는 숯불이 내 손에 올려진 듯 내 손이 타들어가기 시작했습니다.

특별한 기름부음을 주시다

그러고 나서 예수님께서는 그분 앞에 무릎을 꿇으라고 하셨습니다. 내가 그렇게 하자 주님께서는 주님께서 나를 부르셨고 병든 자들을 위해 사역하도록 내게 특별한 기름부음을 주셨다고 말씀하시며 손을 내 머리에 얹으셨습니다.

주님께서는 계속해서, 내가 병든 사람들에게 손을 얹고 기도할 때, 양손을 몸의 양편에 얹으라고 가르쳐주셨습니다. 만약 내 양손 사이에서 불길이 건너 뛰어다니는 것을 느낀다면, 그것은 그 몸 안에 고통을 일으키는 악한 영이나 귀신들이 들어있는 것입니다. 내가 예수님의 이름으로 그를 불러내면, 그러면 귀신 또는 귀신들은 나와야만 할 것입니다.

만약 내 손안에서 불길 또는 기름부음이 손 사이를 뛰놀지 않는 경우는 단순히 치유만 필요한 경우입니다. 내가 그 사람을 위해 예수님의 이름으로 기도하고 만일 그가 믿고 받아들인다면, 그 기름부음이 내 손을 떠나 그 사람의 몸속으로 들어가서 질병을 몰아내고 치유를 가져오는 것입니다. 불길 또는 기름부음이 내 손을 떠나 그의 몸속에 들어갈 때 나는 그가 병 고침 받았다는 것을 알게 됩니다.

나는 예수님의 앞에 엎드려 간청했습니다. "주님, 나를 보내지 마세요. 다른 사람을 보내세요, 주님. 제발 나를 보내지 마세요. 그냥 내게 작은 교회를 주셔서 어딘가에서 목회나 하게 해 주세요. 저는 가지 않는 편이 낫겠습니다, 주님. 병자들을 위해 기도하는 사람들에 대한 비판들을 많이 들어왔습니다. 저는 그저 평범한 사역을 하고 싶습니다."

예수님께서 나를 꾸짖으셨습니다. "네가 병자들을 위해 기도할 때, 내가 너와 함께 가서 네 옆에 서 있을 것이고, 네가 여러 번 나를 볼 것이다. 때때로 내가 청중들 가운데 어떤 이들의 눈을 열 것이고 그들은 '이런, 병자들을 위해 기도하는 저 사람 옆에 예수님이 서계신 것이 보여'라고 말할 것이다."

예수님께서는 계속해서 내게 누가 나를 불렀는지, 그분인지 아니면 사람인지 물으셨습니다.

"예, 주님께서 부르셨습니다."

사람들을 두려워 말라

예수님께서는 사람들이 나를 비판한다고 할지라도, 그들이 나의 심판관이 아니므로 사람들이 아니라 그분을 두려워해야 한다고 설명하셨습니다. 나는 내가 해온 이 사역에 대해 내가 그것을 옳게 사용했는지 아닌지를 언젠가 그분의 심판대 앞에 서서 해명해야 할 것입니다.

"좋습니다, 주님." 내가 말했습니다. "주님께서 저와 함께 가신다면 제가 가겠습니다. 최선을 다하고 제가 아는 대로 충성을 다하겠습니다."

그러자 내가 지금까지는 전혀 알지 못했던 사랑이 이러한 사역을 비판하는 사람들을 향해 내 심령 가운데 솟아 나오기 시작했습니다. 나는 말했습니다. "주님, 제가 그들을 위해 기도하겠습니다. 그들은 모르고 있습니다. 그렇지 않다면 그렇게 비판하지 않았을 것입니다. 주님, 저도 비슷한 비판들을 해왔지만, 저 역시 지금은 알지만 전에는 깨닫지 못했었습니다. 그들도 마찬가지입니다. 그들을 용서해주세요, 주님."

그러자 주님께서 말씀하셨습니다. "너는 너의 길을 가라, 내 아들아. 너의 사역을 완수하고 신실히 행하라. 이는 때가 가까움이니라."

내가 하나님의 보좌에서 물러날 때, 예수님께서 말씀하셨습니다. "되어지는 모든 일들에서 모든 찬양과 영광을 나에게 돌리는 것을 명심하고, 돈에 대해 조심해라. 내가 이런 사역을 위해 기름 부은 많은 나의 종들이 돈에 마음이 쏠려 내가 그들에게 준 기름부음과 사역을 잃어버렸다."

"놓임을 받은 것에 돈을 지불하고자 하는 사람들이 많이 있다. 세상에 뒤틀린 육신을 가진 어린 자녀를 둔 많은 부모들이 자녀들의 치유를 위해서라면 수천 달러라도 내놓을 것이다. 그들 중 많은 이들이 네가 손을 얹을 때 놓임을 받을 것이다. 그러나 너는 너의 사역에 대한 대가를 받아서는 안 된다. 네가 지금까지 받아온 헌금만큼만 받아라. 너는 너의 길을 가야한다. 신실히 행하라. 이는 때가 가까움이니라."

그러고는 예수님께서는 나를 데리고 지상으로 돌아오셨고, 나는 내가 여전히 바닥에 얼굴을 대고 엎드려 있다는 것을 깨달았습니다. 주님께서는 거기서 잠시 나와 얘기하시고는 사라지셨습니다.

내 두 손은 마치 숯불을 각각 올려놓은 듯 3일 동안 화끈거렸습니다. 지금은 내가 기도와 금식함으로 주님을 기다릴 때면 동일한 기름부음이 내게 다시 임합니다.

하나님께 감사하게도, 소아마비에 걸린 아이들이 놓임을 받아

낫고 똑바로 서는 것을 보아왔습니다. 어떤 이들은 즉시 걸었고, 다른 이들은 점차 치유 받았습니다.

  나는 이 환상을 여러 번 생각해보았습니다. 그때로부터 30년도 넘게 흐른 지금, 나는 우리가 어느 때보다도 마지막 때에 가까이 있다고 확신합니다. 베드로후서 3장 8절에는 이렇게 되어 있습니다. "사랑하는 자들아 주께는 하루가 천 년 같고 천 년이 하루 같다는 이 한 가지를 잊지 말라." 그러므로 이 환상 이후의 요즘 몇 년은 하나님이 보시기에는 시간의 아주 작은 조각일 따름입니다.

  내가 먼저 기술한 바와 같이, 나는 1960년대의 시민폭동 동안 수많은 약탈과 방화로 고통당한 미국의 도시들이 내가 본 불타 없어진 도시들의 환상이 부분적으로 성취된 것이라고 확신합니다.

  심판은 이미 이르렀고, 또한 이제 곧 올 것입니다. 하나님의 심판으로부터 미국을 구원할 수 있는 유일한 길은 진정한 회개뿐입니다. 하나님께로 돌아오는 것입니다.

위업을 이루는 현대 교회

그 환상 가운데, 예수님께서는 이 마지막 날에 성령의 모든 은사들이 교회 안에서 역사할 것이라고 말씀하셨습니다. 주님께서는 오늘날의 교회들이 사도행전에 기록된 것들보다 더 위대한 일들을 행할 것이라고 하셨습니다. 나는 그 환상을 본 이래로 수 년 동안 이 말씀이 이루어지는 것을 보아 왔습니다. 나의 사역 중에서도 우리가 성경에서 읽은 것과 같은 기적적인 치유들을 보아 왔습니다.

사도행전 3장은 나면서부터 앉은뱅이였던, 성전 문 앞에 앉아 들어가는 사람들의 동냥을 구걸하던 사람에 대해 얘기하고 있습니다. 베드로가 말하기를 "은과 금은 내게 없거니와 내게 있는 이것을 네게 주노니 나사렛 예수 그리스도의 이름으로 일어나 걸으라"(행 3:6)라고 했습니다. 그 사람은 즉각 고침을 받았습니다. 그는 뛰고 걸으며 그가 놓임 받은 것으로 하나님을 찬양했습니다. 우리는 오늘날 우리의 사역 가운데서 예수님의 이름으로 치유 받는 장애인들을 보고 있습니다.

오순절 날 120명의 사람들이 성령 세례를 받았습니다. 이는 성경 기록 중 가장 많은 사람들이 한꺼번에 성령 세례를 받은 것입니다. 그러나 내가 집회를 인도할 때 한 번에 수백 명의 사람들이 성령으로 충만해지는 것을 보았고, 내가 참석한 다른 집회에서는 15분 만에 500명 정도의 사람들이 성령 세례를 받고 방언으로 말하는 것을 보았습니다.

성경은 2천명, 3천명, 또는 5천명의 사람들이 하루 만에 그리스도께로 돌아오는 예들을 기록하고 있습니다. 반면, 마지막 날인 요즘에는 한 집회에서 수만 명의 사람들이 구원받았다는 보고를 받고 있습니다.

한 예로, 나의 오랜 친구인 오스본 박사가 나이지리아 칼라바에서 설교했을 때, 그곳에 모인 군중들은 정부의 공식 추산에 따르면 약 50만 명이었습니다. 그리고 빌리 그래함 박사는 1973년 6월, 대한민국 서울에서 역사상 가장 많은 기독교인들이 모인 자리에서 설교하기도 했습니다. 한 집회에 110만 명이 참석한 것으로 추정되며, 5일간의 집회동안 연인원 321만 명이 참석했고, 72,365명의 결신이 기록되어 있습니다.

그러므로 주님의 재림을 기다리고 있는 이 마지막 날에는 사도행전에 기록된 것처럼 수많은 위대한 기적들이 세계 곳곳에서 나타나고 있습니다.

그 환상 가운데, 예수님께서 내게 주신 특별한 기름부음에 관해 말씀하실 때, "만일 기름부음이 네게서 없어지면, 다시 돌아올 때까지 금식하며 기도하라"라고 말씀하셨습니다. 이제 언제고 기름부음이 약해질 때마다, 나는 기도와 금식 가운데 주님을 기다리고, 그러면 똑같은 기름부음이 다시 내게 임하게 됩니다.

그러나 나는 악한 영이 그 병을 일으켰는지 알아보기 위해서 양 손을 각각 사람의 이편저편에 올려놓고 기도하는 것을 더 이상 하지 않습니다. 2년 후 주님께서는 다른 장에서 언급할 한 환상 가운데 내게 추가로 더 가르쳐 주셨습니다.

첫 번째 환상에서 주님께서는 내게 다시 나타나시겠다고 말씀하셨고, 몇 번 그렇게 하셨습니다. 2년 후의 환상에서는 "지금 이 순간부터는 성경에서 영들 분별하는 은사라고 알려진 은사가 네 사역 가운데 역사할 것이다."라고 말씀하셨습니다. 이 은사의 역사로 나는 어떤 사람의 몸이 귀신에 붙잡혀 있을 때 알 수 있게 되었고, 그러므로 나는 이 더 큰 은사를 사역에 사용하고 있는 것입니다.

태중에 부르셨다

예수님께서는 첫 번째 환상에서 "나는 네가 태어나기도 전에 너를 불렀다. 나는 네 어머니의 태중에서부터 너를 구별하였다."라고 말씀하셨습니다. 이것은 그 당시의 내 믿음과 반대되는 것이었습니다. 그러나 하나님의 말씀을 살펴보면서 나는 주님께서 예레미야에게 그의 사역에 관해 똑같이 말씀하신 것을 보았습니다. 주님께서는 그 역시 그가 태어나기 전에 그를 부르셨던 것입니다(렘 1:5).

이 첫 번째 환상이 있고나서 일주일 후, 어머니가 나를 방문했고, 나는 그 환상에 대해 어머니에게 말했습니다. 나는 주님께서 내게 하신 말씀을 어머니에게 얘기했습니다. "나는 네가 태어나기도 전에 너를 불렀다. 나는 네 어머니의 태중에서부터 너를 구별하였다. 사탄은 네가 태어나기 전에 네 생명을 파괴하려고 했고, 이때까지 여러 차례 시도했지만, 나의 천사가 너를 지켜 지금 이 순간까지 너를 보호하고 있다."

"나는 네가 태어나기 전에 너의 어머니에게 나타나서 두려워 말라고, 이 아이가 태어나 나의 재림에 관해 증거 할 것이라고 얘기했다."

엄마가 이 얘기를 들었을 때, 엄마는 의자에서 거의 뛰어오르다시피 했습니다. 내가 태어나기 전 몇 달 동안 어머니는 많은 어려움을 겪었습니다. 나의 아버지는 대부분의 시간을 멀리 떠나있었고, 어머니는 아버지가 어디 있는지도 몰랐습니다. 먹을 것도 충분하지 않았습니다. 어머니의 부모님들은 세 블록도 안되는 곳에 살았지만, 어머니가 아버지와 결혼하는 것을 반대하셨기 때문에 좀처럼 집에 가서 도움을 청하기도 힘들었습니다.

"내가 너무 자존심이 세서 뭔가 부탁하지도 못했어." 어머니가 말했습니다. "먹을 양식도 충분하지 않은데다가 내가 아프게 되어서, 아기를 위해 내 자존심을 꺾고 부모님께로 가서 뭔가 먹을 것을 구했단다. 네가 미숙아로 태어나기 며칠 전 일이었단다."

어머니의 환상

"내가 길을 따라 내려가고 있었는데, 메리 고모의 집 앞에 이르렀을 때, 나무 사이로 부는 바람 같은 소리가 들렸단다. 나는 나뭇잎들이 흔들리는 소리를 들을 수 있었는데, 가까이에는 어디에도 나무 한그루도 없었단다. 나는 겁이 났고, 하늘을 올려다 보았단다. 밝고 화창한 8월의 낮이었지. 아주 파란 하늘에 구름 한 점 없었어.

몇 발자국 더 가서 다시 나무 사이로 부는 바람 같은 소리가 들렸단다. 나는 다시 올려다봤고, 이번에는 하얀 구름 하나를 보았단다. 처음에는 마치 하늘에 걸려 있는 듯 했어. 근데 그 구름이 내려오기 시작하더니, 점점 어떤 형태가 나타났단다. 예수님께서 하늘로부터 곧장 내려오셔서 내 앞에 서계셨어.

예수님께서 말씀하셨어. '두려워 말라. 아이가 태어날 것이니, 그는 나의 재림에 관해 증거 할 것이다.' 그분께서는 내 아이가 인자의 재림의 도래를 알릴 부흥에 한 부분을 차지할 것이라는 말씀을 하려고 하셨단다. 물론 그가 유일한 사람은 아니겠지만, 그가 성령님의 마지막 거대한 역사에 한 부분을 차지하게 될 것이라고 하셨단다.

나는 너무 두려워서 달리기 시작했고, 네 할머니 집까지 남은 길을 계속 달렸단다. 내가 거기 도착했을 때, 창백해지고 숨을 헐떡이는 것을 보고는 네 할머니가 물으셨지. '무슨 일이냐? 네 모습이 마치 유령이라도 본 것 같구나!' 나는 내가 목격한 것을 그 즉시 네 할머니에게는 말했지만, 다른 누구에게도 말하지 않았단다. 그리고 네 할머니도 역시 절대 말하지 않았을 거야. 그런 일들은 우리에게 익숙하지 않았고, 사람들이 내가 제정신이 아니라고 할까봐 걱정했단다."

내가 태어나기 전 어머니가 경험한 것을 들어보니, 그것은 이 환상에서 주님께서 내게 보여주신 것과 정확히 일치하는 것이었습니다.

03

혹시(If) – 의심의 증표

예수님께서 나타나신 두 번째 환상은 첫 번째 이후 약 한달 정도 지나서였습니다. 나는 오클라호마 주에서 부흥회를 인도하고 있었습니다. 나는 회중에게 병든 사람들을 위해 사역하는 것과 또한 내 손에 임한 기름부음에 관해 주님께서 보여주신 것들을 얘기했습니다.

어느 날 밤, 내가 병든 사람들을 위해 사역하고 있을 때, 치유 받으려고 줄 서있던 한 남자가 자신이 척추결핵이라고 말했습니다. 병원 세 군데를 다녀봤는데, 의사들이 모두 같은 진단을 했다고 했습니다. 당시에 그는 어떤 의술도 돕지 못할 단계였습니다. 그 남자의 척추는 판자처럼 뻣뻣했습니다.

그를 위해 기도하면서 나는 한 손은 그의 가슴에 얹고, 한 손은 그의 등에 얹었습니다. 내가 그렇게 하자, 불길이, 기름부음이 양 손 사이를 뛰놀았습니다. 나는 그 즉시 그의 육신이 악한 영에게 눌려 있다는 것을 알았습니다. 나는 그 영에게 명령했습니다. "이 사람의 몸을 짓누르고 있는 너 이 더러운 영아, 내가 주 예수 그리스도의 이름으로 네게 명하노니 그의 몸에서 나와라!"

그리고는 끔찍한 실수를 저질러 버렸습니다. 내가 불신에 빠진 것입니다. 당신이 어떤 사람이든, 때때로 불신에 빠지는 것은 매우 쉬운 일입니다. 그리고 불신에 빠졌다는 것을 알아차리지도 못하지요.

나는 그 남자에게 말했습니다. "혹시 if 당신 등을 구부릴 수 있는지 없는지 한 번 해 보세요." '혹시 if'라는 말은 의심의 증표입니다. 내가 "혹시 할 수 있는지 보라."라고 했을 때, 그것은 의심이었습니다. (하나님께서는 잘 모르는 어린 그리스도인이 어느 정도 의심하는 것은 참아주십니다. 그러나 그가 하나님의 말씀을 잘 알게 되면 주님께서는 그를 그대로 통과시키지 않으십니다.)

그 남자는 구부려보려고 했지만, 할 수 없었습니다. 그의 등은 변함없이 뻣뻣할 따름이었습니다. 나는 그에게 다시 한 손은 가슴에 한 손은 등에 올려놓았고, 불길이 손 사이를 뛰노는 것을 느꼈습니다. 다시 나는 명령했습니다. "이 사람의 몸을 짓누르고 있는 너 이 더러운 영아, 내가 주 예수 그리스도의 이름으로 네게 명하노니 그의 몸에서 나와라!" 다시 그 남자에게 말했습니다. "혹시 구부릴 수 있는지 보세요. 등을 구부려 발가락에 손을 대보세요." 그의 등은 전처럼 전혀 움직일 수 없었고, 이는 내가 불신 가운데 행하면서도 그것을 깨닫지 못했기 때문이었습니다.

그래서 나는 말했습니다. "자, 우리 세 번째 시도(시도라는 말도 역시 불신입니다)를 해 봅시다." 나는 한 손은 가슴에, 한 손은 등에 올려놓았습니다. 또다시 내 손에서는 기름부음이 나타났습니다.

세 번째로 나는 말했습니다. "이 사람의 몸을 짓누르고 있는 너 이 더러운 영아, 내가 주 예수 그리스도의 이름으로 네게 명하노니 그의 몸에서 나와라!" 그 남자에게 말했습니다. "자 이제 혹시 구부릴 수 있는지 보세요. 몸을 아래로 굽힐 수 있는지 어떤지 보세요." 당연히 그는 할 수 없었습니다.

나는 포기하고 다른 사람을 위해 계속 기도해갔습니다. 그 남자는 통로를 따라 돌아갔습니다.

나는 강단 위 강대상 오른쪽 1미터 정도 되는 곳에 서있었습니다. 다음 사람이 기도 받기 위해 한 발짝 나왔을 때, 나는 나도 모르게 내 왼쪽을 쳐다보았는데, 예수님께서 내가 살아오면서 보아온 다른 사람들처럼 평범하게 서 계신 것이 보였습니다. 나는 사람들 모두 그분을 보고 있다고 생각했지만, 그들은 어떤 것도 보거나 듣지 못했습니다.

예수님께서는 강대상 옆에 서계셨습니다. 나는 손을 뻗어 그분을 만질 수도 있었습니다. 그분은 손가락으로 나를 가리키며 말씀하셨습니다. "내 이름으로 귀신들이 떠날 것이라고 말하지 않았느냐!"

"주님, 저도 주님께서 말씀하신 것을 알고 있습니다. 텍사스 락웰에서 주님께서 나타나셔서 주님의 이름으로 귀신들에게 나오라고 명령하라고 말씀하신지 한달밖에 되지 않았습니다. 제가 귀신에게 그 남자에게서 나가라고 했는데, 나가지 않았습니다."

예수님께서는 다시 손가락으로 나를 가리키시며 말씀하셨습니다. "나는 내 이름으로 귀신들을 불러내면 그들이 그 몸에서 떠날 것이라고 말했다."

"저도 주님께서 말씀하신 것을 알고 있습니다. 제가 주 예수 그리스도의 이름으로 그 귀신에게 그 남자의 몸에서 떠나라고 명령했지만, 나가지 않았습니다."

예수님께서는 손가락으로 내 얼굴을 가리키시며 세 번째로 말씀하셨습니다. "나는 내 이름으로 귀신들이 나갈 것이라고 말했다! 내 이름으로 그 녀석들을 불러내라. 그러면 내 이름으로 그 몸에서 떠날 것이다!"

힘없이 나는 다시 대답했습니다. "주님, 주님께서 말씀하신 것을 알고 있습니다. 한 달 전에 일어났던 일이라 마치 어젯밤 일어났던 것처럼 제 마음에 생생합니다. 주님께서 무슨 말씀을 하셨는지 알고 있습니다. 그리고 제가 귀신에게 이 사람의 몸에서 떠나라고 말했지만, 나가지 않았습니다."

나는 마가복음 11장에 기록된 예수님께서 환전하는 자들을 성전에서 쫓아내셨을 때 예수님께서 어떤 모습이셨을지 알 것 같습니다. 갑자기 예수님의 두 눈에서 불을 뿜는 것 같았습니다. 섬광이 번쩍이는 것을 볼 수 있었습니다.

네 번째로 손가락으로 나를 찌르시며 단호하게 말씀하셨습니다. "그래, 하지만 나는 귀신이 떠날 거라고 말했다!" 그리고는 사라지셨습니다.

나는 그제야 내가 불신 가운데 행했다는 것을 깨달았습니다. 우리는 만일 우리가 사역을 위한 특별한 은사나 기름부음을 가지고 있다면 그것이 언제나 역사할 것이라고 생각하곤 합니다. 그러나 실상은 그렇지 않습니다. 우리가 얼마나 많은 권세를 가졌는지 상관없이, 우리가 얼마나 많은 은사들을 가졌는지 상관없이, 또는 우리가 얼마나 많은 능력을 소유했는지 상관없이, 그것은 믿음에 의해 그리고 오직 믿음으로만 역사하는 것입니다.

내가 믿음 대신에 불신으로 행했다는 것을 깨달았을 때, 나는 내 실수를 알게 되었습니다. 나는 그 남자를 다시 강단으로 불렀습니다. 그는 아직 자리로 돌아가지 못하고 집회장소 뒤쪽에 서 있었습니다.

나는 그를 가리키며 말했습니다. "이리로 돌아오세요, 형제님." 그는 머뭇거리며 통로를 따라 발걸음을 옮겼습니다. 나는 그가 내게로 오는 것을 기다리며 강단 위에 서있었습니다. 그가 내 앞에 선 순간, 나는 그의 등을 때리며 다른 한 손으로는 그의 가슴에 올리고 말했습니다. "사탄아, 내가 네게 여기서 떠나라고 말했다! 주 예수 이름으로, 나가라!" 그리고 그 남자에게 말했습니다. "자, 형제님(이번에는 '혹시'라는 말을 하지 않았습니다), 몸을 굽혀 발가락을 만지세요."

순간 그의 등이 유연해졌습니다. 척추결핵이 사라졌습니다. 판자처럼 뻣뻣했던 척추가 고쳐졌습니다. 그는 보통 사람들처럼 몸을 굽혀 발가락을 만질 수 있었습니다. 그는 완전히 나았습니다!

이 남자는 알칸사에서 와서 우리 집회에 참석했던 것이기 때문에, 우리는 두 주 후까지 그를 다시 보지 못했습니다. 그는 마지막 토요일 밤 집회에 참석하기 위해 돌아왔습니다.

나는 그에게 지금도 여전히 몸을 굽혀 발가락을 만질 수 있는지 물어보았습니다.

"네, 여전히 자유자재입니다." 그는 얼굴에 환한 미소를 크게 지으며 말했습니다. 그는 통로로 나와 몸을 굽혀 바닥을 만졌습니다. 그리고 여전히 유연하고 자유자재라는 것을 증명하고자 몇 가지 동작들을 해 보였습니다.

이 경험은 내게 하나님의 말씀을 있는 그대로 따르는 것이 얼마나 중요한지 최종적으로 보여주었습니다. 그리고 나는 우리가 누구이든 간에, 만일 우리가 불신 가운데 행한다면, 하나님의 능력이 흐르는 것이 막힌다는 것을 배웠습니다.

04

사탄이 우리의 삶에 어떻게 영향을 끼치는가

    나의 세 번째 예수님께서 나타나신 환상은 1952년 12월, 내가 오클라호마 주에 있는 브로큰 보우에 있는 순복음 교회에서 집회를 인도하고 있을 때였습니다. 2주 동안 거기에 있으면서, 목사님과 목사님의 11살 난 딸과 함께 목사관에 머물렀습니다.

    어느 날 밤 예배 후 우리는 목사관에 돌아와 부엌에서 샌드위치 하나와 우유 한 잔을 먹고 있었습니다. 시간이 얼마나 지났는지도 모른 채 우리는 주님에 관한 얘기들을 했습니다.

    목사님의 어린 딸도 우리와 함께 거기 앉아 있었는데, 결국 졸려서 "아빠, 이제 늦었어요. 난 내일 아침 일찍 일어나서 학교 가야해요. 지금 기도해주러 오지 않겠어요?"라고 말했습니다.

밤에 자기 전에 늘 딸과 기도하고 나서 침대에 눕히는 것이 그들의 습관이었습니다.

목사님은 그의 시계를 보더니 깜짝 놀라서 "11시 반이네! 이런, 이렇게 늦었을 줄은 꿈에도 몰랐어요. 우리가 여기 앉아서 2시간이나 얘기한 거네요."라고 말했습니다. 그리고 그의 딸에게 말했습니다. "이리 오너라, 애야. 그냥 여기 무릎을 꿇고 해긴 형제님과 함께 기도하자꾸나. 그리고 나서 자러 가려무나."

우리가 부엌에서 각각의 의자 옆에 무릎을 꿇는데, 내 무릎이 바닥에 닿기도 전에, 나는 성령 안에 있었습니다. 어떤 이는 '성령 안에in the Spirit' 라는 말의 의미가 무엇인지 궁금해 하는 사람이 있을 수도 있는데, 성경에서 그것에 관해 뭐라고 하는지 알아봅시다. 사도 요한이 밧모 섬에 있을 때, 성경에는 그가 "주의 날에 내가 성령에 감동되어in the Spirit 내 뒤에서 나는 나팔 소리 같은 큰 음성을 들으니 이르되 네가 보는 것을 두루마리에 써서…"(계 1:10-11)라고 되어 있습니다.

주님께서 친히 요한에게 나타나셔서 소아시아의 일곱 교회에게 주실 메시지를 주시고, 장차 다가올 일들을 계시하셨습니다.

사도행전 10장에는 베드로가 성령 안에 있던 장면이 나와 있습니다. 베드로는 무아지경에 빠져fell into a trance 환상을 보았습니다.

이 환상에서 주님께서는 베드로에게 이방인들이 구원받는 복음을 취하라고 하셨습니다. 그때까지는 복음이 유대인에게만 한정되어 있었습니다.

10절에 베드로가 '비몽사몽간에fell into a trance' 있었다고 되어 있습니다. 이런 일이 벌어지면, 그 사람의 육체적인 감각이 일시적으로 정지하게 됩니다. 그렇다고 의식을 잃는다든지 기절한다는 뜻은 아닙니다. 그것은 단지 성령 안에 사로잡히는 순간, 육체적인 감각이 작동하지 않는다는 뜻입니다. 하나님께서 영의 세계 또는 그분께서 보여주기 원하시는 것들을 그가 볼 수 있도록 하시는 것입니다.

흰 구름 가운데 무릎을 꿇고

1952년 이날 밤, 목사관의 부엌에서, 나의 육체적인 감각은 정지했습니다. 그 순간 나는 내가 부엌 의자 옆에 무릎 꿇고 있다는 것도 알지 못했습니다. 마치 내가 흰 구름에 둘러싸여 그 가운데 무릎을 꿇고 있는 것 같았습니다.

나는 곧 예수님을 보았습니다. 그분은 내 위로 바닥에서 천장 정도 되는 높이에 서계신 듯했습니다. 그분께서 내게 말씀하셨습니다. "내가 네게 마귀와 귀신, 그리고 귀신들림에 대해 가르쳐주겠다. 오늘 밤부터 앞으로, 성경에 영들 분별하는 은사라고 알려진 은사가 네가 성령 안에 있을 때, 네 삶 가운데 역사할 것이다."

이 환상에 대해 더 말하기 전에 내가 매우 중요하다고 느끼는 몇 가지에 대해 설명해야겠습니다. 예수님께서 말씀하신 것을 주목하시기 바랍니다. "이것은 네가 성령 안에 있을 때 역사할 것이다." 많은 경우 우리는 이러한 성령의 은사들을 사람이 조종하는 줄로 생각합니다. 그러나 사람이 하는 것이 아닙니다. 은사들은 성령님에 의해 사람을 통해 나타나는 것입니다. "각 사람에게 성령을 나타내심은 유익하게 하려 하심이라"(고전 12:7). 은사들이 우리를 통해 나타난다는 것 외에는 은사들이 역사하는 것에 이 세상에서 우리가 관련된 것이라고는 전혀 없습니다.

예수님께서는 내게 말씀하셨습니다. "네가 성령 안에 있을 때, 이것이 역사할 것이다." 우리가 원한다고 해서 어떤 특정한 시간에 역사하는 것이 아닙니다. 다른 말로 하면, 우리가 어떤 단추를 눌러 은사들을 켜고 끌 수 없다는 말입니다.

잘 설명하기 위해 제 사역 가운데 일어났던 두 가지 사건에 대해 나누겠습니다. 첫 번째 것은 내가 이 환상을 본 후 한 달 후에 일어났습니다. 1953년 1월 나는 텍사스 타일러에서 집회를 인도하고 있었습니다. 나는 집회 기간 동안 목사님과 함께 머물도록 초대받았고, 나는 집회가 시작되기 하루 전 목사관에 도착했습니다.

내 짐 가방을 옮기는 것을 도와주고 내 방을 보여준 후 그 목사님은 내가 내 옷가방을 푸는 동안 앉아서 나와 이야기를 나눴습니다. 우리의 대화 가운데, 그는 "나는 내 조카가 당신이 여기 있는 동안 치유 받을 것이라고 믿습니다."라고 말했습니다. 그는 계속해서 설명하기를, 그녀가 폐암에 걸렸다고 했습니다. 그녀의 아버지가 치료비를 댈 능력이 없었기 때문에 그 목사님이 책임을 떠맡았던 것입니다.

"한 병원에서 진찰을 받았는데, 진단 결과가 만족스럽지 않았습니다. 그래서 다른 병원으로 데리고 갔지요. 두 병원 모두 갖가지 검사를 아무리 해봐도 왼쪽 폐에 암이 생긴 것이 확실하다고 했습니다.

의사들은 즉시 수술할 것을 요구했는데, '만약 한 쪽 폐를 떼어낸다고 해도 생명에는 지장이 없을 것입니다. 그러나 암이 퍼져서 양쪽 모두 떼어내야 한다면 살 수 없습니다'라고 하더군요.

조카아이가 수술 받기 전에 일주일 동안 금식하며 기도해 보고 싶다고 하자 의사들은 '그러면 너무 늦어버립니다. 일주일이라도 너무 멀리 퍼져버릴 수 있습니다'라고 했습니다.

그럼에도 불구하고, 그 아이는 일주일 동안 금식하며 기도하겠다고 우겼지요. 일주일 후에는 수술 받지 않기로 결정했습니다. 그 아이가 그러더군요. '나는 폐암에 걸렸던 두 여자를 알고 있어요. 한 사람은 수술을 받았고, 다른 한 사람은 받지 않았어요. 그러나 두 사람 다 죽었어요. 수술 받은 사람이 단지 2년 더 살았을 뿐이에요. 그렇게 더 살면 뭐하겠어요? 나는 하나님께서 날 치료하실 거라고 믿겠어요. 만일 그분이 그렇게 안하신다면, 그래서 내가 죽게 된다면, 나는 그냥 죽겠어요!'"

지금은 수 주일이 흘렀고, 그 아가씨는 병상에 누웠습니다. 의사들은 암이 양쪽 폐에 모두 퍼져서 수술하기에는 이미 늦었다고 했습니다. 하루에 여섯 끼를 먹여도, 그녀는 여전히 계속 말라갔습니다. "기도 받게 하려고 그 아이를 당신 집회에 데려갈 계획입니다." 그 목사님이 말했습니다.

당시 나는 화요일과 금요일 밤 집회 때 특별한 치유 집회를 갖는 것이 습관이었습니다. 첫 번째 화요일 밤 집회 때, 사람들이 그 아가씨를 침대에서 일으켜 그 집회로 데려왔습니다. 내가 그녀에게 손을 얹어 기도했지만, 아무 일도 일어나지 않았습니다.

금요일 밤에도 다시 데려왔습니다. 나는 그 다음주 화요일과 금요일 밤에도 역시 그녀를 위해 기도했습니다.

네 번이나 그녀에게 손을 얹었지만, 아무 일도 일어나지 않았습니다. 내가 말하고 싶은 것은 만약 성령의 은사를 발휘하는 것이 나였다면, 진작 그녀를 고쳤을 것입니다. 그러나 예수님께서 말씀하신 것을 기억하기 바랍니다. "네가 성령 안에 있을 때, 이 영들 분별하는 은사가 역사할 것이다."

우리는 3주째 집회를 계속하고 있었고, 그 주 화요일 그녀를 다시 교회에 데려왔습니다. 그녀가 내 앞에 섰을 때 이번에는 갑자기 내가 성령 안에 들어가게 되었습니다. 갑자기 하나님의 영이 나를 마치 구름처럼 감쌌습니다.

이 아가씨와 나는 흰 구름 가운데 서 있었습니다. 내가 그녀를 쳐다봤을 때, 그녀의 몸 바깥쪽 왼쪽 폐 위를(여기서 암이 시작되었습니다) 악령인지 작은 도깨비인지가 단단히 붙잡고 있는 것이 보였습니다. 그것은 마치 원숭이가 나뭇가지에 매달리듯, 그녀의 몸에 매달린 작은 원숭이 비슷하게 보였습니다.

하나님께서 이 악한 영을 볼 수 있도록 나로 영의 세계를 볼 수 있게 허락했던 것입니다. 나는 그 영을 향해 말했습니다. "이 아가씨의 몸을 짓누르고 있는 이 더러운 영아, 너는 떠나야 할 거야." 그 회중 가운데 어느 누구도 나 말고는 아무것도 보거나 들은 사람이 없었습니다. 그러나 그들은 내가 말하는 것은 듣고 있었습니다.

그 악한 영이 대답했습니다. "만약 네가 그렇게 말한다면 나도 내가 떠나야 한다는 것은 알아. 하지만, 난 그러고 싶지 않아."

"주 예수 그리스도의 이름으로 명하노니, 이 몸에서 나가라!" 내가 말했습니다. 나는 악한 영이 그녀를 풀어 놓고는 바닥에 떨어지는 것을 봤습니다. 내가 말했습니다. "이 몸에서 떠날 뿐 아니라, 이 건물에서도 떠나야해!" 그는 교회 통로를 따라 문 밖으로 달아났습니다.

그 아가씨는 그 즉시 양 손을 들고는 하나님을 찬양하기 시작했습니다. "난 자유다, 난 자유야!" 그녀는 8살 아이일 때부터 15년 동안 순복음 교회를 다녔고, 줄곧 성령 세례를 구해왔지만, 받은 적이 없었습니다. 그러나 그 즉시 그녀는 성령을 받았고, 하나님의 영이 말하게 하심을 따라 방언으로 말하기 시작했습니다.

그 주에 그녀는 의사들에게 가서 양쪽 폐를 새로 엑스레이 사진을 찍고 검사해 달라고 했습니다. 그녀는 겉으로 보기에는 아직 좋아진 것이 없었습니다. 그녀는 허약하고 지쳐있었습니다. 의사들은 그녀에게 더 이상의 진찰은 불필요하다고 했습니다.

그들은 그녀를 위해 할 수 있는 모든 것들을 이미 다 했기 때문입니다. 어쨌든 그녀는 고집을 부렸고, 의사들은 새로 엑스레이 사진을 찍고 일상적인 검사들을 하기 시작했습니다.

"뭔가 이상한 일이 벌어졌어!" 의사들이 놀라 외쳤습니다. 그들은 다른 검사들을 하고 엑스레이 사진도 더 찍었습니다. 마침내 그들은 납득할 수밖에 없었습니다. "암이라고는 흔적도 찾을 수 없군요. 모두 사라졌어요. 당신의 양쪽 폐 모두 깨끗합니다. 우리가 당신에게 암이 있었다는 것을 증명하려고 엑스레이 사진과 검사들을 하지 않았었다면, 우리는 이런 일이 가능하다고 믿지 않았을 거예요. 당신에게 무슨 일이 일어난 거죠?"

그녀는 하나님의 능력으로 그녀가 완전하게 치유되었다고, 일어난 일을 설명했습니다. 의사들이 말했습니다. "글쎄요, 우리가 말할 수 있는 것이라고는 당신의 예전 상태를 우리가 알고 있다는 것과 지금 당신은 완전히 나았다는 것입니다. 그리고 당신이 원한다면, 당신에게 폐암이 있었지만, 지금은 모두 사라졌다는 진술서에 서명을 해 주겠습니다."

내가 말하고자 하는 요지는 만일 치유를 행하는 존재가 나였다면, 처음 기도할 때 그렇게 했지, 다섯 번째에 그러지는 않았으리라는 것입니다. 이것이 바로 예수님께서 "네가 성령 안에 있을 때 역사할 것이다."라고 말씀하신 의미입니다.

비슷한 사건이 1958년 콜로라도 퓨블로에서 집회를 인도할 때 일어났습니다. 어느 날 밤 우리가 병자들을 위해 특별 기도를 하고 있었는데, 콜로라도 스프링스에서 온 한 남자가 앞으로 나왔습니다. 그는 내게 자기가 신경과민에다 잠을 잘 수 없어서 신경 안정제를 복용하고 있노라고 말했습니다. 그의 부인이 나중에 말해주었는데, 그를 정신병원에 맡기려 했다고 했습니다.

귀신의 억누름을 보며

　나는 그에게 손을 얹고 그의 신경이 치유되고, 그의 육체가 그의 머리 꼭대기에서 발바닥까지 치유될 것을 기도했습니다. 그러고는 기도 받으려고 줄 서 있는 다음 사람을 위해 계속 기도했습니다. 나는 10분 이상 다른 사람들을 위해 계속 기도하고 있었습니다. 그 남자는 내 오른편에 있던 자기 자리로 돌아갔습니다. 내가 그를 쳐다봤을 때, 순간적으로 나는 성령 안에 있게 되었습니다.

　하나님께서는 영의 세계를 볼 수 있게 하셨고, 나는 그 남자의 어깨 위에 악한 영 하나가 앉아 있는 것이 보였습니다. 그 악령은 그 남자의 머리를 팔로 꽉 조이고 있었습니다. 나는 그게 보였지만, 회중들 가운데 어느 누구도 무슨 일이 벌어지고 있었는지 알지 못했습니다.

나는 그 남자를 불러서 그가 내 앞에 섰을 때, 말했습니다. "이 남자의 마음을 억누르는 너 이 더러운 영아, 예수의 이름으로 내가 네게 명하노니, 그의 몸에서 당장 떠나라!" 내가 그렇게 말하자, 그 악령은 그를 풀어 놓고는 바닥에 떨어졌습니다.

그 악한 영이 내게 말했습니다. "난 이 사람을 떠나고 싶지 않아. 하지만 네가 떠나라고 하면 난 그렇게 해야만 한다는 걸 알아."

"이 사람의 몸을 떠날 뿐만 아니라, 이 건물에서 당장 나가라!" 내가 명령하자, 그는 옆문으로 달아났습니다.

환한 미소가 그의 얼굴에 교차했습니다. 그는 그의 양 손을 공중에 뻗고는 소리쳤습니다. "난 자유다! 난 자유야!" 내가 환상 가운데 본 것을 그에게 말하지 않았는데도 불구하고, 그 남자는 "쇠로 만든 띠가 내 머리 둘레를 점점 더 꽉 조이고 있는 것만 같았어요. 점점 더 센 압력으로 조여들고 있었는데, 갑자기 튕겨나가 없어져 버렸어요."라고 말했습니다.

이런 치유가 유지될까요? 10년 후 그 남자가 그의 자녀 중 한 사람을 위해 기도해달라고 털사에 있는 우리 사무실로 전화했을 때, 우리는 그 남자로부터 들었습니다. 그는 여전히 귀신의 억누름으로부터 자유를 만끽하고 있었습니다.

이들은 내 삶에서 일어난 성령의 역사를 보여주기 위해, 그리고 우리가 제어하는 것이 아니라 하나님의 뜻에 따라 역사한다는 것을 보여주기 위해 내가 들 수 있는 많은 예들 중 겨우 두개일 뿐입니다. 누르기만 하면 이러한 일들이 일어나는 마법의 단추 같은 것은 없습니다. 오직 주님이 이끄시는 대로 일어나는 것입니다.

많은 사람들은 사도들이 이런 영적 은사들을 늘 가지고 다니면서 의지대로 사용했다고 추정합니다. 그러나 이러한 추측은 바울과 실라가 빌립보에 있던 경우와는 분명 다릅니다. 그들이 그곳에 있던 이유는 하나님께서 환상 가운데 그들을 마게도냐로 인도하셨기 때문입니다. 그들의 사역의 결과로 자주 장사 루디아가 구원 받았습니다.

바울과 실라는 빌립보 도시에 여러 날을 머물렀는데 이런 일이 있었습니다. "우리가 기도하는 곳에 가다가 점치는 귀신 들린 여종 하나를 만나니 점으로 그 주인들에게 큰 이익을 주는 자라 그가 바울과 우리를 따라와 소리 질러 이르되 이 사람들은 지극히 높은 하나님의 종으로서 구원의 길을 너희에게 전하는 자라 하며"(행 16:16-17).

이 소녀에게는 점치는 영이 있었는데, 그것은 예언하고 점치는 것이었습니다. 그녀는 그녀 속에 있는 악령을 통해 바울과 실라가 누구인지 알았습니다. 다른 말로 말하면, 그 악령이 그들을 알았던 것입니다. 그 소녀 스스로는 그들을 알지 못했습니다. 왜냐하면 그녀는 그들을 전에 본적이 없기 때문입니다. 그러나 그녀는 말했습니다. "이 사람들은 지극히 높은 하나님의 종으로…"

이어서 성경에는 이렇게 되어 있습니다. "이같이 여러 날을 하는지라 바울이 심히 괴로워하여 돌이켜 그 귀신에게 이르되 예수 그리스도의 이름으로 내가 네게 명하노니 그에게서 나오라 하니 귀신이 즉시 나오니라"(행 16:18).

성령의 뜻대로

바울이 그의 사역 가운데 영들 분별하는 은사가 역사하고 있었다는 것은 명백합니다. 그러나 성경에는 그 소녀가 여러 날 동안 그들을 따라다녔다고 되어 있습니다.

왜 바울은 첫째 날에 그 악령을 그녀에게서 쫓아내지 않았을까요? 왜 둘째 날에 그러지 않았을까요? 그 답은 간단합니다.

은사는 바울이 원한다고 역사하는 것이 아니라 성령이 원할 때 역사하기 때문입니다. 그가 성령의 역사를 가질 때까지는, 바울도 다른 여느 사람과 마찬가지로 그런 상황에 속수무책이었던 것입니다!

우리에게 영적 은사가 나타나도록 기도할 때, 우리가 하나님께 우리의 마음을 열고 그분을 바라볼 수 있기 위해서는 성경을 이해하는 것이 필요합니다.

늦은 밤 오클라호마 브로큰 보우에서 하나님께서 내게 주신 환상으로 다시 돌아가서, 주님께서는 내게 말씀하셨습니다. "오늘 밤부터 앞으로, 성경에 영들 분별하는 은사라고 알려진 은사가 네가 성령 안에 있을 때, 네 삶 가운데 역사할 것이다. 내가 이러한 영들이 사람들을, 비록 그리스도인이라 할지라도 그들이 허락하면, 어떻게 붙잡고 지배하고 있는지 네게 보여 주겠다."

예수님께서는 계속 말씀을 이으셨습니다. "귀신 또는 악령에는 네 가지 부류가 있다." 그분은 그들이 에베소서에 나와 있는 대로 네 개 그룹으로 나누어져 있다고 하셨습니다. "우리의 씨름은 혈과 육을 상대하는 것이 아니요 통치자들과 권세들과 이 어둠의 세상 주관자들과 하늘에 있는 악의 영들을 상대함이라" (엡 6:12).

주님께서 말씀하셨습니다. "네 가지 부류가 있다: (1) 정사 principalities, (2) 권세powers, (3) 이 어두움의 세상 주관자들 rulers of the darkness of this world, (4) 하늘에 있는 악의 영들 wicked spirits in high places. 네가 상대해야 할 가장 높은 영들은 이 어두움의 세상 주관자들이다."

주님께서는 내게 이 온 세상은 어둠 가운데 있지만, 믿는 우리들은 어둠의 자녀가 아닌 빛의 자녀라고 하나님의 말씀에 기록된 사실들에 대해 계속 얘기하셨습니다. 그분은 다음의 성경 구절 외에도 몇 개의 성경 구절을 언급하셨습니다.

"너희는 믿지 않는 자와 멍에를 함께 메지 말라 의와 불법이 어찌 함께 하며 빛과 어둠이 어찌 사귀며"(고후 6:14). 믿는 사람들은 빛이라 불리고, 믿지 않는 자들은 어둠이라 불립니다.

골로새서 2장은 그리스도께서 십자가 위에서의 죽으심과 죽은 자들 가운데서의 부활에 관해 말하고 있습니다. "통치자들과 권세들을 무력화하여 드러내어 구경거리로 삼으시고 십자가로 그들을 이기셨느니라"(15절). 다른 말로 말하면, 그리스도께서 그의 죽으심과 장사되심 그리고 부활로 말미암아 우리가 상대해야 할 이 똑같은 정사와 권세를 해치우고 꺾으셨다는 것입니다.

구원받지 못한 자들의 주관자

주님께서 계속 말씀하셨습니다. "네가 이 땅에서 상대해야 할 가장 높은 유형의 귀신들은 어둠 속에 있는 모든 구원받지 못한 사람들을 다스리는 이 어두움의 세상 주관자들이다. 그들이 그 사람들을 주관하고 지배한다.

그것이 바로 사람들이 자기가 원하지 않는 행동을 하고 말을 하는 이유이다. 그것이 바로 선한 사람들도 '나는 그런 짓을 결코 하지 않을거야'라고 말해놓고는 1년도 못가서 뭔가 잘못을 저지르고야 마는 이유이다. 이것은 그들이 이 세상 어둠의 주관자들에 지배당하기 때문이다. 그들은 어둠의 왕국에 속해있다. 네가 인정하고 싶건 말건 상관없이, 그들이 너의 가까운 친구이거나 친척이거나 누구이건 간에, 만약 그들이 구원받지 못했다면, 그들은 이 세상의 어둠의 주관자들인 이 영들에게 지배받고 있는 것이다.

사람이 귀신들리는 경우는 모두 이 세상의 어둠의 주관자들 중의 하나가 그런 것이다. 그들은 이 세상의 어둠에 속한 자들을 주관할 뿐 아니라, 권세powers에게 무엇을 할지 지시하기도 한다. 그러면 권세powers는 정사principalities에게 명령하여 일을 시킨다. 가장 하위의 귀신은 할 일이 거의 없다. 그들은 그들

스스로 생각하는 것은 거의 없고 할일을 지시받는다.

사람들이 허락할 때, 이 악령들이 어떻게 사람들을 붙잡는지 이제 내가 네게 보여주겠다."

갑자기 환상 가운데 한 여자가 보였습니다. 나는 그녀가 어떤 목사님의 전처라는 것을 금방 알아봤습니다. 전에 한 번 그녀와 그녀의 남편을 소개 받은 적이 있었습니다. 그것 말고는 내가 그 두 사람에 대해 달리 아는 것도 없었고, 연락을 하고 지내지도 않았습니다. 나는 그저 그녀가 그녀의 남편을 떠났다는 것만 알고 있었습니다.

"이 여자는 나의 자녀였다." 주님께서 말씀하셨습니다. "그녀는 남편과 함께 사역하고 있었다. 그녀는 성령 충만을 받았으며, 그녀의 삶 가운데 성령의 은사가 역사했었다. 어느 날, 악령이 그녀에게 와서 그녀의 귀에 속삭였다. '너는 아름다운 여자야. 너는 명성과 인기, 그리고 부를 가질 수도 있었지만, 네가 그리스도인의 삶을 따른답시고 네 평생 계속 속아온 거야.' 그 여자는 이것이 악령이라는 것을 깨닫고는 말했지. '내 뒤로 물러가라, 사탄아.' 그 영은 그녀를 잠시 동안 떠나있었다.

그러나 곧 그 똑같은 영이 다시 돌아왔다. 그녀의 어깨에 앉아 그녀의 귀에 속삭였다. '너는 아름다운 여자이지만, 네가 이런 그리스도인이라는 미천하고 구별된 삶을 택하는 바람에

빼앗겨버린 거야.' 다시 그녀는 이것이 사탄이라는 것을 깨닫고는 말했다. '사탄아 나는 예수님의 이름으로 너를 저지한다.' 그러자 그는 잠시 그녀를 떠났다.

그러나 그는 다시 와서는 그녀의 어깨에 앉아 똑같은 말을 그녀의 귀에 속삭였다. 이번에는 그녀가 이런 생각들을 품기 시작했는데, 그녀는 자기가 아름답다고 생각하는 것을 좋아했기 때문이다. 마귀가 제안한 것을 따라 생각하기 시작하자, 그녀는 그 생각에 사로잡히게 되었다."

그러고 나서 환상 가운데, 그 여자가 유리처럼 투명하게 보였고, 나는 그녀의 마음mind 속에 검은 점 하나를 보았습니다. "저 점은 그녀가 악령이 준 생각 가운데 사로잡혀 있다는 사실을 나타낸다." 주님께서 말씀하셨습니다. "처음에 그녀는 외면적으로 억눌렸지만, 그녀가 마귀의 제안이 생각을 사로잡도록 허락하면서, 그녀의 마음이 억눌리게 되었다. 그녀는 '나는 아름다운 여자야. 나는 부와 인기를 가질 수도 있었어. 그러나 내 인생에서 빼앗겨버렸어' 라고 생각하길 원했다. 아직 늦진 않았었다. 그녀는 저항할 수 있었다. 그녀는 그런 생각들을 거절할 수 있었다. 그러면 그 악령은 그녀에게서 도망갔을 것이고 그녀는 자유롭게 될 수 있었다. 그러나 그녀는 다른 쪽을 택했다.

마침내, 그녀는 그의 남편을 떠나 마귀가 권했던 명성과 부를 찾으러 세상 속으로 들어가 버렸다. 그녀는 이 남자 저 남자를 전전하며 사귀었다. 얼마 있다가 그것이 그녀의 영안으로 들어갔다." 환상 가운데 나는 그 검은 점이 머리에서 심령으로 내려가는 것이 보였습니다. 그러자 그 여자는 말했습니다. "난 더 이상 주님이 필요 없어. 예수님, 날 내버려 둬요."

나는 말했습니다. "주님, 어째서 이것을 제게 보여주십니까? 제가 이 여자를 위해 기도하길 원하십니까? 제가 그녀에게서 마귀를 쫓아내길 원하십니까?"

"아니다, 나는 네가 그녀를 위해 기도해서 마귀를 쫓아내는 것을 원하지 않는다." 주님께서 대답하셨습니다. "왜냐하면, 네가 어떻게 할 수 있는 일이 아니기 때문이다. 그녀가 그 영을 원했고, 그녀가 원하고 있는 한, 그녀는 그 상태로 있을 것이다."

"그러면, 주님, 왜 제게 이것을 보여주셨습니까?"

"두 가지 이유에서 네게 이것을 보여주었다. 첫째, 악령이 어떻게 사람을 지배하는지를 네게 보여주기 위해서인데, 하나님의 자녀라도 그들이 허락하면 그렇게 될 것이다. 둘째, 나는 저 여자를 통해 역사하며 그녀의 전 남편의 사역을 괴롭히고 위협하는 저 영을 네가 다루기를 원한다."

"제가 어떻게 그렇게 할 수 있습니까?" 내가 물었습니다. 그 목사님은 내가 있던 같은 주에 있었지만, 그 여자는 다른 주에 있었습니다.

"영의 세계에는 거리라는 것이 없다." 주님께서 말씀하셨습니다. "그냥 저 영에게 내 이름으로 말하고 명령하기를, '이 여자[그녀의 이름을 부르시면서]의 삶에 역사하고, 주님의 종[그 남편의 이름을 부르시면서]의 사역을 괴롭히고 난처하게 만드는, 너 이 더러운 영아, 내가 네게 명하노니 당장 그 일을 중단하고, 너의 술책을 중지해라' 라고 말하라."

성령 안에서 나는 그 말들을 했고, 그 영은 즉시 그녀를 통해 그 목사님을 위협하던 것을 멈췄습니다. 그날로부터 그 목사님은 그녀나 또는 그 영 때문에 곤란당하지 않게 되었습니다.

"주님, 그 여자는 어떻게 되는 겁니까?" 내가 물었습니다.

"그녀는 저주 받은 사람들이 가는 곳, 울며 이를 갈이 있는 곳에 영원히 있게 될 것이다." 주님께서 대답하셨습니다. 그리고 환상 가운데 그녀가 구덩이 안으로 떨어지는 것이 보였습니다. 그녀의 끔찍한 비명이 들렸습니다.

"이 여자는 주님의 자녀였습니다, 주님. 그녀는 주님의 영으로 충만했었고, 사역을 했었습니다. 그러나 주님께서는 그녀를 위해 기도하지 말라고 하셨습니다. 저는 이해할 수가 없습니다!"

주님께서는 이 성경 구절을 내게 일깨워 주셨습니다. "누구든지 형제가 사망에 이르지 아니한 죄 범하는 것을 보거든 구하라 그러면 사망에 이르지 아니하는 범죄자들을 위하여 저에게 생명을 주시리라 사망에 이르는 죄가 있으니 이에 대하여 나는 구하라 하지 않노라"(요일 5:16).

나는 말씀드렸습니다. "그러나 주님, 저는 이제껏 이 성경 구절에서 죄로 인한 결과가 육체의 죽음이라고, 그리고 그가 죄를 범했더라도 그는 구원받았다고 믿어왔습니다."

"그러나 그 성경 구절은 육체의 죽음에 대해 말하고 있는 것이 아니다." 주님께서 지적하셨습니다. "네가 뭔가를 덧붙이고 있구나. 네가 만일 요한일서 5장 전체를 읽는다면, 여기서 말하고 있는 것은 생명과 죽음 즉, 영적인 생명과 영적인 죽음이라는 것과 그의 사망이 곧 그의 영적인 죽음을 말하고 있다는 것을 알게 될 것이다. 이것은 사망에 이르는 죄를 범한 신자에게 귀결되는 것이고, 그러므로 내가 네게 그것을 위해 기도하지 말라고 한 것이다. 이 여자가 사망에 이르는 죄를 범했기 때문에, 나는 네게 그녀를 위해 기도하지 말라고 말했다."

"이것은 정말 저의 신학을 무너뜨리는 것입니다, 주님. 좀 더 설명해 주시지 않으시겠습니까?" (가끔 우리의 신학이 말씀과 일치하지 않는다면 그것을 무너뜨리는 것이 필요합니다.)

예수님께서는 아래의 성경 구절들을 내게 상기시켰습니다.

한 번 빛을 받고 하늘의 은사를 맛보고 성령에 참여한 바 되고 하나님의 선한 말씀과 내세의 능력을 맛보고도 타락한 자들은 다시 새롭게 하여 회개하게 할 수 없나니 이는 그들이 하나님의 아들을 다시 십자가에 못 박아 드러내 놓고 욕되게 함이라   히 6:4-6

"예, 그 구절은 제가 알고 있습니다. 그러나 제가 속한 교단에서는 '한번 빛을 받은' 사람이 그리스도인을 얘기하는 것이 아니라 죄를 깨달은 구원받지 못한 사람들이라고 했습니다."

주님께서 말씀하셨습니다. "이 여자가 나의 자녀였다고 말한 것을 기억해봐라. 그녀는 성령으로 충만했었고, 사역의 일부를 담당했었다. 성경에 '한 번 빛을 받고 하늘의 은사를 맛보고 성령에 참여한바' 된 사람은 불가능하다고 한 것을 잘 보아라. 내가 바로 하늘의 은사이다. 죄를 깨달은 사람은 빛을 받은 것이지만 그렇다고 나를 맛본 것은 아니다.

하나님의 말씀에 '하나님이 세상을 이처럼 사랑하사 독생자를 주셨으니 이는 그를 믿는 자마다 멸망하지 않고 영생을 얻게 하려 하심이니라'(요 3:16)라고 했다. 내가 하늘의 은사이고,

죄를 깨달은 사람은 하늘의 은사를 맛본 것이 아니다. 그는 자신의 구원받지 못한 상태를 알게 된 것이고 그가 구원받을 수 있다는 것을 알게 된 것이다. '죄의 삯은 사망이요 하나님의 은사는 그리스도 예수 우리 주 안에 있는 영생이니라'(롬 6:23). 나를 주와 구원자로 받아들여 영생을 얻기 전까지는 어느 누구도 하늘의 은사, 즉 하나님의 은사를 맛볼 수 없다.

이 성경 구절의 단어들을 주의해서 봐라. '…성령에 참여한 바 되고[이 여자는 성령 세례를 이미 받았다] 하나님의 선한 말씀과 내세의 능력을 맛보고'(히 6:4,5) ; 혹은 필립스 번역본에 따르면, '…하나님의 말씀의 유익한 음식물을 이미 알고 있는…'

다른 말로 말하면, 젖먹이 그리스도인들은 사망에 이르는 죄를 지을 수가 없다. 젖먹이 그리스도인들이 때때로 그러하듯이, 그들이 하지 말아야 할 것들을 행하고 말하는 것은 회개되어야 하는 것이다. 그러나 네가 어린 아이가 잘 몰라서 저지른 일들로 그 아이를 향해 적대감을 품고 있지 않는 것처럼, 나 역시 이런 일들로 그들을 향해 적대감을 품지 않는다.

이 성경 구절에서 말하고 있는 사람 – 내가 네게 보여주고 있는 그 여자를 포함해서 – 은 하나님의 선한 말씀을 이미 맛본 사람이다. 즉, 그 사람은 젖먹이 그리스도인의 단계를 지난 사람이다. 성경에 이르기를 '갓난 아기들 같이 순전하고 신령한 젖을 사모하라 이는 그로 말미암아 너희로 구원에 이르도록 자라게 하려 함이라'(벧전 2:2). 이 여자는 말씀의 순전한 젖을 먹는 단계를 이미 지났다. 그녀는 말씀의 단단한 고기를 이미 맛보았다. 그녀는 이미 '내세의 능력'을 맛보았다. 그녀는 그녀의 삶 가운데 역사하는 성령의 은사들을 이미 가지고 있었다."

예수님께서 계속 말씀하셨습니다. "'사망에 이르는 죄'를 범한다는 것은 아래 다섯 가지의 경험을 이미 모두 가진 사람들에게 해당하는 것이다.

1. 빛을 받아(또는 죄를 깨달아) 그가 구원받지 못한 상태라는 것을 알게 되고 예수 그리스도를 통하는 것 외에 다른 방법으로 구원받을 길이 없다는 것을 앎
2. 하늘의 은사, 즉 예수를 맛봄
3. 성령에 참여한 바가 됨, 또는 성령으로 충만함을 받음
4. 갓난아기의 상태를 지나 충분히 자라 하나님의 선한 말씀을 맛봄
5. 그의 삶 가운데 역사하고 있는 내세의 능력, 즉 성령의 은사들을 가짐

이 여자는 이 모든 조건을 가지고 있었다. 그리고 나의 말씀은

이렇게 되어 있다. '타락한 자들은 다시 새롭게 하여 회개하게 할 수 없나니 이는 그들이 하나님의 아들을 다시 십자가에 못 박아 드러내 놓고 욕되게 함이라'"(히 6:6).

나는 주님께 물었습니다. "그렇다면 그것은 어떤 죄입니까?" 주님께서는 아래의 성경 구절을 인용하셨습니다.

우리가 진리를 아는 지식을 받은 후 짐짓 죄를 범한즉 다시 속죄하는 제사가 없고 오직 무서운 마음으로 심판을 기다리는 것과 대적하는 자를 태울 맹렬한 불만 있으리라 모세의 법을 폐한 자도 두 세 증인으로 말미암아 불쌍히 여김을 받지 못하고 죽었거든 하물며 하나님 아들을 짓밟고 자기를 거룩하게 한 언약의 피를 부정한 것으로 여기고 은혜의 성령을 욕되게 하는 자가 당연히 받을 형벌은 얼마나 더 무겁겠느냐 너희는 생각하라 히 10:26-29

주님께서 내게 말씀하셨습니다. "이 성경 구절이 말하고 있는 죄는 내게 등을 돌린 신자들에 해당하는 죄이다. 이 성경 구절의 단어들을 주의해서 봐라. '모세의 법을 폐한 자도 … 불쌍히 여김을 받지 못하고 죽었거든 하물며 하나님 아들을 밟고 자기를 거룩하게 한 언약의 피를 부정한 것으로 여기고 은혜의 성령을

욕되게 하는 자의 당연히 받을 형벌이 얼마나 더 중하겠느냐 너희는 생각하라.'

이 구절에서 언급된 히브리 그리스도인들이 심한 핍박 때문에 유대교로 되돌아가고자 하는 유혹을 받았지만, 만일 그들이 되돌아갔다면 그것은 하나님의 아들을 짓밟는 것이었다. 그들은 언약의 피를 부정한 것으로 여겼는데, 이는 예수가 메시아가 아니라고 즉, 하나님의 아들이 아니라고 말했기 때문이다. 그들은 내게 등을 돌렸다. 이것이 바로 그들이 이와 같은 죄를 지으면, 새롭게 하여 회개하게 하는 것이 불가능하다고 바울이 경고한 이유이다."

간음의 용서

"이 여자가 다른 남자 때문에 남편을 버리고 간 것은 슬픈 일이기는 하지만, 간음이 용서받지 못할 죄는 아니다. 만약 그녀가 회개하고 내게 돌아왔다면, 100명의 남자를 거쳤다 할지라도 나는 그녀를 용서했을 것이다. 그녀가 무슨 짓을 했든지, 만약 그녀가 내게 용서를 구했다면, 나는 그렇게 했을 것이다.

그녀가 '나는 더 이상 예수를 원치 않아. 나를 내버려 둬'

라고 했을 때 만일 그녀가 갓난아기 그리스도인이어서 그녀가 하고 있는 행동이 정말 어떤 것인지 깨닫지 못했던 것이었다면, 나는 그녀를 용서했을 것이다. 만약 그녀가 한계를 넘는 유혹과 압박을 겪어서 그런 짓을 한 것이었다면, 나는 그녀를 용서했을 것이다. 그러나 그녀가 '나는 더 이상 그를 원치 않아'라고 했을 때 그녀는 자기가 하고 있는 행동이 어떤 것인지 정확히 알고 있었고, 의도적으로 그렇게 행했다. 그래서 내가 네게 그녀를 위해 기도하지 말라고 한 것이다. 나는 그저 네게 이것을 보여주어, 만일 그리스도인들이라도 허락하기만 한다면 마귀가 어떻게 그들을 사로잡는지 네가 볼 수 있게 하려는 것이다."

그러고 나서 환상 가운데 나는 한 남자를 보았습니다. 나는 그를 알아보지 못했습니다. 예수님께서 말씀하셨습니다. "귀신들이 어떻게 한 사람을 사로잡는지, 그리고 이런 경우를 어떻게 다루어야 하고 어떻게 귀신들을 쫓아내는지, 또 다른 예를 보여주겠다."

한 영이 그 남자의 어깨에 와 앉아 그의 귀에 속삭이는 것이 보였습니다. 그 남자는 사탄이 그에게 준 생각을 즐겼습니다. 그러자 그 영이 그 남자의 마음mind 속으로 들어가는 것이 보였습니다.

예수님께서 말씀하셨습니다. "이 영은 그들 세계에서 높은 지위의 영들 가운데 하나이다. 그들은 사람을 사로잡아 결국 그 안에 들어가는 것들이다. 귀신들림에도 정도의 차이가 있는데, 이 영들은 그들과 함께 다른 악한 영들을 데리고 들어가는 것들이다."

주님께서는 마가복음 5장의 거라사 지방의 미친 사람에 대한 구절을 기억나게 하셨습니다.

> 배에서 나오시매 곧 더러운 귀신 들린 with an unclean spirit [여기서 그 사람에게 있던 귀신이 하나라는 것을 주목하십시오] 사람이 무덤 사이에서 나와 예수를 만나니라 그 사람은 무덤 사이에 거처하는데 이제는 아무도 그를 쇠사슬로도 맬 수 없게 되었으니 이는 여러 번 고랑과 쇠사슬에 매였어도 쇠사슬을 끊고 고랑을 깨뜨렸음이러라 그리하여 아무도 그를 제어할 힘이 없는지라 밤낮 무덤 사이에서나 산에서나 늘 소리 지르며 돌로 자기의 몸을 해치고 있었더라 그가 멀리서 예수를 보고 달려와 절하며 큰 소리로 부르짖어 이르되 지극히 높으신 하나님의 아들 예수여 나와 당신과 무슨 상관이 있나이까 원하건대 하나님 앞에 맹세하고 나를 괴롭히지 마옵소서 하니
>
> 막 5:2-7

그 악한 영이 예수님을 알고 있었다는 것을 주목하십시오. 예수님께서 그의 이름을 물었을 때, 그는 대답했습니다. "…내 이름은 군대니 우리가 많음이니이다"(9절). 예수님께서 그 귀신들을 쫓아냈을 때, 그들은 가까이 있던 돼지 떼에게로 들어갔습니다. "…거의 이천 마리 되는 떼가 바다를 향하여 비탈로 내리달아 바다에서 몰사하거늘"(13절).

거라사에서 온 이 사람에게 겨우 악한 영 하나가 들어갔는데도 2천이나 되는 군대가 쫓겨나 돼지 떼에게 들어가 바다에 내리달아 빠뜨려버렸습니다.

환상 가운데, 그 영이 그 사람을 붙잡아 뚜껑문처럼 그의 머리를 여는 것이 보였습니다. 그러자 다른 영들이 와서 그 사람 안으로 들어가는 것이 보였습니다. 예수님께서 내게 말씀하셨습니다. "마가복음 5장에서 그 사람이 내 앞에서 나를 알아보았던 것처럼, 지금부터는 네가 누구든 완전히 귀신들린 사람 앞에 가게 되면 그가 너를 알아볼 것이다."

환상 가운데 나는 그 사람에게 다가갔는데, 그에게 들어가있는 귀신이 즉시 소리쳤습니다. "난 널 알아." 내가 말했습니다. "그래, 네가 나를 아는구나. 예수님의 이름으로 명하노니, 당장 조용해라!"

주님께서 계속 말씀하셨습니다. "이런 영들은 너를 알 것이다.

영 분별하는 은사를 통해 그것이 어떤 종류의 영인지 네가 알게 될 것이다. 너는 거라사 사람과 같은 경우에 내가 '더러운 귀신아 그 사람에게서 나오라' 라고 했던 것을 기억해라. 나는 그것이 더러운 영이라는 것을 분별했고, 나는 그에게 나오라고 명령했다."

환상에서 귀신들렸던 그 사람의 경우, 나는 즉각 어떤 종류의 영이 그 안에 들어가 있는지 알았고, 그 영에게 그에게서 나오라고 명령했지만, 그는 나오지 않았습니다.

예수님께서 말씀하셨습니다. "귀신들을 쫓아내기 위해 때로는 그 영의 종류 뿐 아니라 그들의 수도 알아야 할 때가 있다. 거라사 사람의 경우에 내가 '더러운 귀신아 그 사람에게서 나오라' 라고 했지만, 그가 나오지 않았다는 것을 주목해라."

이것은 내가 간과했던 것이었지만, 마가복음 5장을 다시 읽으면서 나는 그것이 정말이라는 것을 깨달았습니다. "이에 물으시되 네 이름이 무엇이냐 가로되 내 이름은 군대니 우리가 많음이니이다 하고"(9절).

예수님께서는 이 구절에 관해 또 다른 점에 관해서도 나의 주의를 환기시켜 주셨습니다. "만일 네가 그곳에 있었다면, 너는 그 악한 영이 말하는 것을 들었을 것이다. 왜냐하면 그는 그 사람의 목소리를 사용했기 때문이다. 그는 그 사람을 통해 말했다. 내가 그의 이름을 물었을 때, 그가 대답하기를 '내 이름은 군대니 우리가 많음이니이다' 라고 했다. 그러고 나서 그는 '자기를 이 지방에서 내어 보내지 마시기를' 간절히 빌었다. 그것은 그 사람의 몸 안에 들어간 처음의 더러운 영이 말하고 있는 것이었다. 그는 그 사람의 음성을 사용했다.

그럼, 12절을 보아라. '이에 간구하여 이르되 우리를 돼지에게로 보내어 들어가게 하소서 하니.' 모든 귀신들이 한꺼번에 소리쳤다. 네가 그때 거기 있었다면, 영의 세계를 보고 들을 수 있는 영들 분별하는 은사가 없이는 그들이 무슨 말을 하는지 알지 못했을 것이다.

이 은사는 내 사역 가운데 역사하고 있었기 때문에 나는 알고 있었다. 모든 귀신들이 내게 간청했다. 그들 모두 한꺼번에 말을 했다. 그들이 입 밖으로 들리게 말한 것은 아니었는데, 즉 사람이 말하는 대로 말하고 있지 않았던 것이다. 그들은 영의 세계에서 말하고 있었다."

그러고 나서 나는 환상 가운데 그 사람에게 다가갔습니다. 나는 그에게 들려있는 영이 어떤 종류인지 분별하고 그에게 나오라고 명령했습니다. 아무런 일도 일어나지 않았습니다. 예수님께서 그의 수를 물어보라고 말씀하셨습니다. 그래서 내가 말했습니다. "이 사람 안에 너희들이 얼마나 들어가 있느냐?"

그가 대답했습니다. "나 말고 열아홉이 더 있다."

내가 그들에게 말했습니다. "너와 열아홉의 다른 녀석들에게 명하노니 그에게서 나와라." 그러자 그들이 나왔습니다. 나는 주님께 물었습니다. "귀신들이 나와서 어디로 갑니까?"

"그들이 물 없는 곳으로 다니며 쉬기를 구하지만 얻지 못한다." 주님께서 대답하셨습니다. 그러자 나는 아래의 구절이 기억났습니다.

> 더러운 귀신이 사람에게서 나갔을 때에 물 없는 곳으로 다니며 쉬기를 구하되 쉴 곳을 얻지 못하고 이에 이르되 내가 나온 내 집으로 돌아가리라 하고 와 보니 그 집이 비고 청소되고 수리되었거늘 이에 가서 저보다 더 악한 귀신 일곱을 데리고 들어가서 거하니 그 사람의 나중 형편이 전보다 더욱 심하게 되느니라… 마 12:43-45

나는 주님께 물었습니다. "왜 우리가 그들을 지옥으로 내쫓아 이 땅에서 영원히 추방하지 못하는 것입니까?"

"아직 그 때가 이르지 않았다. 만약 내가 이 땅에 있었을 때 그 일이 가능했었다면, 내가 그들을 지옥으로 내쫓았을 것이다. 그러나 너는 마귀가 내게 '… 하나님의 아들이여 우리와 당신과 무슨 상관이 있나이까 때가 이르기 전에 우리를 괴롭게 하려고 여기 오셨나이까'(마 8:29)라고 소리 지르던 경우를 기억할 것이다. 너도 알다시피 그들의 때가 아직 이르지 않았다. 그 때가 오면 사탄과 그의 모든 마귀들은 불 못에 던져져 영원히 있게 될 것이다."

예수님께서 내게 말씀하시는 동안, 원숭이처럼 생긴 악령 하나가 예수님과 나 사이를 뛰어 지나가더니, 검은 구름 같기도 하고 연막 같기도 한 뭔가를 퍼뜨렸습니다. 나는 더 이상 예수님을 볼 수 없었습니다.

그러자 그 귀신이 자기 팔과 다리를 흔들며 위 아래로 뛰어오면서 날카로운 소리로 고함쳤습니다. "야케티 약, 야케티 약, 야케티 약."

나는 잠시 망설였습니다. 나는 예수님께서 내게 계속 말씀하고 계신 것을 들을 수는 있었지만, 그 말을 이해할 수는 없었습니다.

나는 스스로 생각하기를, 주님께서 말씀하고 계신 것을 내가 놓치고 있다는 것을 주님께서는 모르시나? 난 그걸 들어야해. 중요한 말씀인데 난 지금 놓치고 있어. 나는 왜 예수님께서 그 악한 영에게 그치라고 명령하지 않으시는지 의아했습니다. 나는 조금 더 기다려 보았습니다. 예수님께서는 마치 악한 영이 있다는 것조차도 모르는 듯 계속 말씀하고 계셨습니다. 나는 왜 주님께서 그를 쫓아버리지 않으시는지 의아했지만, 주님은 그러지 않으셨습니다.

마침내 나는 자포자기하여 내 손가락으로 그 악한 영을 가리키며 말했습니다. "내가 예수 그리스도의 이름으로 명하노니 너는 잠잠할 지어다!" 그는 즉시 멈추고 바닥에 쓰러졌습니다. 검은 연막이 사라지고 나는 다시 예수님을 볼 수 있었습니다. 그 영은 바닥에 누워 낑낑거리며 우는 소리를 냈는데, 마치 매 맞은 강아지 같았습니다. 내가 말했습니다. "단지 조용히 있을 뿐 아니라 일어나 여기서 나가라!" 그는 일어나 도망가 버렸습니다.

나는 왜 예수님께서 이 악한 영이 방해하는 것을 멈추게 하지 않으셨는지 여전히 의아했고, 예수님께서는 물론 내가 무슨 생각을 하고 있는지 알고 계셨습니다. 주님께서 말씀하셨습니다. "만일 네가 뭔가 하지 않았다면, 나도 어쩔 수 없었을 것이다."

"주님, 제가 잘못 이해하고 있나봅니다! 주님께서는 아무것도 할 수 없었다고 말씀하셨는데, 사실은 하고자 하지 않으셨다는 의미인 거죠."

"아니다." 주님께서 말씀하셨습니다. "만일 그 영에게 네가 뭔가 하지 않았다면, 나도 어쩔 수가 없었다."

"그러나 주님, 주님께서는 무엇이든 다 하실 수 있습니다. 주님께서 할 수 없었다고 말씀하시는 것은 지금까지 제가 들어온 설교나 제가 해온 설교들하고는 다른 것입니다. 그것은 정말 저의 신학을 뒤엎는 것입니다."

"때때로 너의 신학은 뒤엎여져야 한다." 주님께서 대답하셨습니다.

내가 말했습니다. "주님, 제 눈으로 직접 주님을 보고 있다고 할지라도, 제가 듣던 여느 목소리처럼 분명한 주님의 음성을 직접 듣고 있다 할지라도, 주님께서 하나님의 말씀으로 그것을 증명해주시지 않는 한 저는 받아들일 수 없습니다. 말씀에 이르기를 '내가 이제 세 번째 너희에게 가리니 두세 증인의 입으로 말마다 확정하리라'(고후 13:1)라고 했습니다. 저는 성경으로 증명되지 않는 어떤 환상이나 어떤 계시도 받아들이지 않겠습니다."

내가 이렇게 말했음에도 불구하고 주님께서는 화내는 대신 부드럽게 미소 지으시며 말씀하셨습니다. "두세 명의 증인 뿐 아니라, 네 명의 증인을 주겠다."

내가 말했습니다. "저는 신약을 150번 이상 통독했고, 부분적으로는 그보다 더 많이 읽었습니다. 만약 그것이 성경 안에 있다면, 제가 모르겠습니까?"

"애야, 성경에는 네가 알지 못하는 것들이 많이 있단다." 주님께서 지적하셨습니다. "믿는 자들에게 마귀를 대적해서 기도하면 내가 뭔가 행할 것이라고 말한 곳은 신약성경 어디에도 없단다. 마귀를 꾸짖어 달라거나 뭔가 마귀에 대해 역사해달라고 하나님께 기도하라고 된 곳은 교회에 쓴 어떤 서신서 어떤 장면에도 없단다. 그렇게 하는 것은 시간 낭비일 뿐이다. 하나님께서는 때가 이르러 천사들이 하늘에서 내려와 쇠사슬로 마귀를 묶어 무저갱에 가둘 때까지 그가 하고자 하시는 일은 이미 모두 하셨다.

신약의 기자들 모두 교회를 위해 기록하면서, 마귀에게 뭔가 해야 하는 사람은 바로 신자들이라고 기록했다. 믿는 자는 마귀를 다스리는 권세를 가져야 하는데, 그렇지 않다면 성경에서 마귀에게 뭔가 하라고 말하지 않았을 것이다."

예수께서 나아와 말씀하여 이르시되 하늘과 땅의 모든 권세를 내게 주셨으니 그러므로 너희는 가서 모든 민족을 제자로 삼아 아버지와 아들과 성령의 이름으로 세례를 베풀고 내가 너희에게 분부한 모든 것을 가르쳐 지키게 하라 볼지어다 내가 세상 끝날까지 너희와 항상 함께 있으리라 하시니라

마 28:18-20

"네가 '그러나 이 성경 구절에서 하늘과 땅의 모든 권세를 주님께서 가지셨으니까 주님께서 그 영에게 뭔가 하실 수도 있었잖아요'라고 할 수도 있겠지. 그러나 나는 이 땅에서 내 권세를 교회에 넘겨주었다."

또 이르시되 너희는 온 천하에 다니며 만민에게 복음을 전파하라 믿고 세례를 받는 사람은 구원을 얻을 것이요 믿지 않는 사람은 정죄를 받으리라 믿는 자들에게는 이런 표적이 따르리니 곧 저희가 내 이름으로 귀신을 쫓아내며 새 방언을 말하며 뱀을 집어올리며 무슨 독을 마실지라도 해를 받지 아니하며 병든 사람에게 손을 얹은즉 나으리라 하시더라

막 16:15-18

"믿는 자들에게 따르는 처음 표적 중의 하나는 귀신을 쫓아내는 것이다. 그 말은 내 이름으로 그들이 마귀를 다스리는 권세를 사용할 것이라는 의미이다. 나는 마귀를 다스리는 권세를 교회에 넘겨주었고, 나는 오직 교회를 통해서만 일할 수 있는데, 이는 내가 교회의 머리이기 때문이다.

야고보는 믿는 자들에게 기록하기를 '…마귀를 대적하라 그리하면 너희를 피하리라'(약 4:7)라고 했다. 야고보는 너희를 위해

하나님으로 마귀를 대적하게 하라고 하지 않았다. 그는 '너희가 마귀를 대적해라 그러면 너희를 피할 것이다'라고 했다."

나는 나중에 "피하다flee"라는 단어를 사전에서 찾아보았는데, 어떤 정의에 따르면 "공포에 질려 어딘가로부터 달아나다"라는 뜻이었습니다. 내가 그것을 읽었을 때, 환상에서 내가 악한 영들을 꾸짖었을 때 그들이 어떻게 달아났는지 기억났습니다. 그리고 그때 이후로 계속, 내가 하나님께서 주신 권세를 사용할 때면 그들이 무서워 벌벌 떠는 것을 보아왔습니다. 그들이 두려워하던 것은 내가 아니라 내가 나타내는 예수님이었습니다.

예수님께서는 계속 말씀하셨습니다. "베드로가 말하기를 '근신하라 깨어라 너희 대적 마귀가 우는 사자같이 두루 다니며 삼킬 자를 찾나니'(벧전 5:8)라고 했다. 너는 무엇을 하려느냐? 두 손을 들고 말하기를 '나는 매 맞았어요'라고 하려느냐? 아니다. 결코 아니다. 9절에 보면 '너희는 믿음을 굳게 하여 저를 대적하라…'고 되어 있다. 마귀를 다스릴 권세가 없으면서 그를 대적할 수는 없을 것이다. 그러나 너는 그를 다스릴 권세를 이미 가지고 있고, 그러므로 너는 그를 대적할 수 있다.

바울은 에베소 교회에 보낸 그의 편지에서 '마귀에게 틈을 주지 말라'(엡 4:27)고 했다. 이 말은 마귀가 네게 들어오도록 어떤 틈도 주지 말라는 의미이다. 네가 그에게 허락하지 않는 한 그는 결코 네게 들어올 수 없다. 그러려면 네가 그를 다스릴 권세를 가져야만 할 텐데, 그렇지 않다면 이것은 진리가 아닐 것이다!"

그러고 나서 예수님께서 내게 말씀하셨습니다. "여기 네 명의 증인들이 있다. 내가 그 첫 번째이고, 야고보가 두 번째, 베드로가 세 번째, 그리고 바울이 네 번째이다. 이들이 내가 네게 두세 사람 대신 주겠다고 말한 네 명의 증인들이다. 이것은 믿는 자가 이 땅에서 권세를 갖는다는 사실을 입증하는 것인데, 이는 내가 마귀를 다스리는 나의 권세를 이 땅에서 너희에게 넘겨주었기 때문이다. 네가 아무 것도 하지 않는다면, 아무것도 일어나지 않을 것이고, 그것이 바로 많은 경우 아무 일도 일어나지 않는 이유이다."

내가 말했습니다. "주님, 주님께서는 오직 세 부류의 악한 영들에 대해서만 말씀하셨습니다. 이 어두움의 세상 주관자들rulers of the darkness of this world과 권세powers와 정사principalities 말입니다. 하늘에 있는 악의 영들wicked spirits in high places은 어떻게 합니까?"

주님께서 말씀하셨습니다. "너는 땅위의 것들만 신경 쓰면 된다. 하늘에 있는 것들은 내가 다루겠다."

예수님께서는 내가 신실하게 행할 것을 권고하시며 말씀하셨습니다. "너의 사역을 완수하라. 신실하라. 때가 가깝다." 그리고 나서 주님은 사라지셨습니다.

나는 내가 그 목사관의 부엌에 여전히 무릎을 꿇고 있었으며, 내가 이 환상에 사로잡힌 동안 한 시간 반 정도 흘렀다는 것을 알게 되었습니다.

05

네 기도에 응답하려고 왔다

주님께서 네 번째 환상 가운데 내게 다시 나타나신 것은 거의 5년 정도 지난 1957년이었습니다.

아내와 나는 캘리포니아에서의 집회에 15개월을 보내고 나서 텍사스 갈랜드의 우리 집에 돌아오자마자, 갈랜드의 우리 모교회인 순복음 교회에서 집회를 열었습니다. 내가 주님의 또 다른 초자연적인 방문을 받게 된 것은 이 집회가 3주째 되었을 때였습니다.

어느 날 밤 메시지를 마칠 즈음, 기도의 영이 회중에게 임하셔서 모두 기도하기 위해 강단 주위로 모였습니다. 우리는 오랫동안 기도했습니다.

얼마 후 나는 무릎을 꿇었던 자세에서 일어나 강단으로 올라가는 계단에 앉았습니다. 나는 거기 앉아 눈을 뜬 채로 성령께서 말하게 하심을 따라 방언으로 노래하고 있었는데, 갑자기 예수님께서 1미터 정도 내 앞에 서계신 것을 보았습니다. 주님께서 말씀하셨습니다. "내가 네 기도에 응답하기 위해 왔다."

나는 주님께서 무슨 말씀을 하시는지 정확히 알았습니다. 나는 얼마동안 내 아내를 위해 기도하고 있었는데, 아내는 갑상선종을 가지고 있었습니다. 그것은 점점 커져 당시에는 발음하기에도 목이 멜 정도였습니다.

나는 처음 결혼할 때부터 오레타가 젊은 나이에 죽으리라는 것을 내 영 안에서 감지하고 있었고, 혹시 이 때가 가까워졌는지도 모르겠다고 생각했습니다. 나는 남은 밤 동안 이것에 대해 기도하며 주님께 말씀드렸습니다. "저는 주님께 순종하며 주님의 뜻을 따라 살아왔습니다. 저는 제 교회와 가족을 떠나 오랜 세월 전도 현장에 있었습니다. 저의 아내는 집에 머물면서 신실하게 자녀들을 키워왔습니다. 나는 아직 젊고(그 당시 나는 30대였습니다) 우리는 수년 동안 부부로 살아왔습니다. 제가 아내를 잃지 않도록 해 주십시오."

환상 가운데 주님께서 내게 말씀하셨습니다. "나는 그 기도에 응답하러 왔다. 네 아내에게 수술을 받으라고 얘기해라. 그녀는 죽지 않고 살 것이다."

아내에게는 언급한 적 없었지만, 나는 그녀가 수술 받으면 죽게 되리라는 것을 내내 느끼고 있었습니다. 그녀도 이 종양으로 수술을 받게 되면 자기가 죽게 되리라는 것을 여러 해 동안 알고 있었노라고 나중에서야 내게 얘기해 주었습니다.

그러나 주님께서는 내게 말씀하셨습니다. "그녀는 죽지 않고 살 것이다. 죽는 것이 그녀의 운명이었지만, 내가 네 기도를 들었고, 그 기도에 응답하러 왔다. 그녀는 살 것이다."

그러고 나서 예수님은 내 마음을 완전히 녹여버릴만한 몇 가지를 말씀을 하셨는데, 나는 절대로 그것을 잊을 수 없습니다. 그 당시에도 그것은 나를 축복하고 도왔으며, 지금도 여전히 나를 축복하고 있습니다.

주님께서 말씀하셨습니다. "내가 이 일을 행하는 것은 단지 네가 내게 구했기 때문이란다, 얘야. 내 자녀들이 단지 내게 구하고 믿기를 내가 얼마나 간절히 바라는지 너는 모른다. 많은 경우 그들은 빌고 울고 기도하지만, 믿지는 않는단다. 그리고 나는 그들이 믿음을 갖지 않는 한 그들의 기도를 들어줄 수 없는데, 나 자신이 한 말을 어길 수 없기 때문이다. 그들이 말씀으로 나를 붙잡고, 그들의 문제들을 내게 가져오며 그들을 위해 내가 떠맡으리라는 것을 신뢰함으로써 내가 그들을 도울 수 있기를 얼마나 자주 간절히 원했던지."

주님은 다시 말씀하셨습니다. "네 아내에게 수술을 받으라고 얘기해라. 그녀는 죽지 않고 살 것이다." 이 말을 남기시고 주님은 사라지셨습니다.

의사들은 내 아내의 상태를 심각하게 고려했음에도 불구하고, 오레타와 나는 내내 큰 기쁨 가운데 있었습니다. 왜냐하면 우리는 미리 결과를 알고 있었기 때문입니다.

06

천사의 방문

　나의 다섯 번째 환상은 1958년 텍사스 주의 포트 네치즈에서 부흥 집회를 인도하는 동안 일어났습니다. 어느 날 밤 우리가 강단 주위에서 기도하고 있을 때, 강한 기도의 영이 교회 전체에 임한 듯 했습니다. 우리는 함께 상당히 오래 기도했고, 그 후 나는 일어나서 강단 위의 의자에 앉았습니다.

　나는 눈을 뜬 채로 거기 앉아서 다른 방언으로 노래하고 있었는데, 주님께서 갑자기 강단위에 나타나셨습니다. 그리고 주님의 1미터 정도 뒤에 한 천사가 서 있었습니다!

　예수님께서 내게 말씀하셨습니다. "거의 1년 전쯤에 네게 말을 전달하라고 내가 천사를 캘리포니아로 보낸 적이 있다." 그 때를 뒤돌아보니, 내가 그에게 응하지 않았던 것이 기억났습니다.

그날 오후 나는 저녁 집회를 준비하느라, 내 이동 주택의 침대에 누워 성경을 묵상하며 읽고 있었습니다. 갑자기 나는 누군가가 이동 주택 안으로 들어오는 것을 느꼈습니다. 내가 쳐다봤지만, 아무도 없었습니다. 그러나 누군가 문으로 들어온 것이 분명했습니다. 마치 내가 문이 열렸다 닫히는 소리를 들은 것만 같았습니다. 나는 누군가 침대 옆에 서 있는 것을 감지했습니다. 나는 뭔가 거기 있는 것을 확인하려고 손을 뻗으며 말했습니다. "당신이 거기 있는 것을 알아요. 누구세요?"

응답이 없었습니다. 아무도 보이지 않았음에도 불구하고 나는 누군가가 몇 분 동안 거기 서 있다가 돌아서서 왔던 길로 되돌아가며, 침대 발치를 돌아 이동 주택을 지나 문 밖으로 나가는 것을 감지했습니다.

그러고 나서 나는 성경을 펴고 천사의 사역에 관해 읽었는데, 성령님께서 인도하시는 것 같았습니다. 나는 한 천사가 내게 온 것을 느꼈지만, 그 방문에 내 마음을 열지 못했습니다.

우리는 캘리포니아 주로 나가 사역을 계속했습니다. 그 당시는 우리 아이들도 우리와 함께 여행을 하며 통신으로 학과목들을 공부하고 있었는데, 우리는 그들을 도와주곤 했습니다. 아이들은 약 1년 동안 우리와 함께 살았는데, 우리는 그것이 아이들에게 너무 무리라고 결정했습니다. 아이들은 많은 시간을 여행하느라 보내야만 했고, 하루에 두 번의 예배를 드리면서도 공부를 따라가기 위해 애썼습니다. 그래서 우리는 갈랜드의 집으로 돌아가서 아이들을 공립학교에 넣기로 작정했던 것입니다.

우리 집을 빌려 살던 사람들이 이사를 해서 우리가 다시 그 집에 들어가 살 수 있었지만, 우리가 이동 주택을 살 때 가구들을 몽땅 팔아버리는 바람에 우리는 집안에 필요한 모든 가구들을 새로 사야만 했습니다. 물론, 그러기 위해서는 빚을 질 수밖에 없었습니다. 이로 인해 우리의 월 지출이 엄청나게 늘었는데, 우리의 생활비 말고도 이동 주택과 자동차에 대해 지불할 할부금이 여전히 남아 있었기 때문입니다.

1년 이상 우리의 예산에 맞추기에는 매월 약 100달러 정도가 모자랐습니다. 그래서 우리는 그렇게 빚을 질 수밖에 없었던 것입니다. 나는 단지 경비를 지불하고 유지하기 위해서 다달이 100달러를 빌려야만 했습니다.

그로부터 2년 전인 1956년, 예수님께서는 내게 불경기 – 장기 불황depression이 아니라 일시적인 불경기recession – 가 올 것이니 준비하라고 내게 말씀하셨습니다. 그 불경기는 1957년에 발생했습니다. 15개월 후, 포트 네치즈에서 주님께서 환상 가운데 내게 나타나셨을 때, 나는 주님이 경고하셨던 불경기에 대해 아무런 준비를 하지 않았던 결과로 고생하고 있었습니다.

주님께서는 내게 말씀하셨습니다. "나는 네가 캘리포니아에 나가 있을 때, 네게 다시 경고하려고 천사를 보냈다. 왜냐하면 네가 내 영의 인도를 듣지 않고 있었고, 그 경고에 아무런 준비를 하고 있지 않는 것을 보았기 때문이다. 만일 네가 성령께 맡기기만 했다면, (천사들은 영이기 때문에, 우리 육체의 눈으로는 그들을 볼 수 없습니다) 너는 영의 세계를 들여다 볼 수 있었을 것이다. 영 분별하는 은사로 네가 천사를 볼 수 있었을 것이고, 그가 네게 메시지를 전했을 것이다. 네가 만일 그것을 받았더라면, 너는 이 모든 재정적인 어려움을 겪지 않아도 됐을 것이다."

그때까지 15개월 동안 매달 100달러씩 빚을 졌기 때문에, 내 빚은 총 1,500달러였습니다.

주님께서 계속 말씀하셨습니다. "어쨌든 네 재정을 도와주마." 그리고 주님께서는 나를 도우셨습니다. 우리는 이동식 주택을 팔려고 애썼지만, 폭이 3미터나 되는 새 모델이 출시되는 바람에 폭이 2.5미터도 안되는 우리 것을 사려는 사람은 아무도 없었습니다. 그러나 주님의 도움으로 한달 안에 팔렸습니다.

주님은 또 말씀하셨습니다. "내가 너의 사역에 있어서도 도와주마." 그리고 주님은 내게 내 장래 사역에 대해 말씀하시며 신실하게 행할 것을 당부하셨습니다. 그리고 나서 주님의 옆에 서있는 천사를 가리키시며 말씀하셨습니다. "너의 천사다."

"제 천사라고요?" 내가 물었습니다.

"그래, 너의 천사다. 그리고 만일 네가 그에게 반응하면, 내가 때때로 그러하듯 그가 네게 나타나 인생의 여러 일들에 관해 너를 안내하며 지도할 것이다. 왜냐하면 천사들은 섬기는 영으로서 구원 받을 상속자들을 위하여 섬기라고 보내셨기 때문이다"(히 1:14).

나의 재정과 사역에 관해 환상 가운데 주님께서 내게 보여주신 모든 것들이 90일 안에 다 이루어졌습니다.

07

병원의 방문객

    주님께서 내게 여섯 번째로 나타나신 것은 1959년 2월 텍사스 주의 엘 파소에서 부흥회를 인도하고 있을 때였습니다.

    나는 미끄러져서 내 오른 팔꿈치로 넘어지는 바람에 팔을 심하게 다쳤습니다. 처음에는 팔이 부러진 줄 알았고, 그때가 밤 9시 반이었기 때문에, 나는 병원으로 가 의사의 진찰을 받고 필요하다면 뼈를 맞추려고 했습니다.

    병원까지 한 블록정도 남겨놓고 있을 때, 주님께서 내게 팔이 안 부러졌다고 말씀하셨습니다. 내 팔은 약간 부서지고 팔꿈치가 탈골된 것이었습니다. 주님은 또한 이것이 마귀가 한 일이지만, 주님께서 당신의 영광과 내게 이롭도록 바꾸시겠다고 하셨습니다. 또 주님께서는 나중에 이것에 관해 다시 얘기할 테니까 아무것도 두려워하거나 걱정하지 말라고 하셨습니다.

병원에서 의사는 내 팔에 엑스레이 사진을 찍고는 내가 이미 알고 있는 것들이 사실이라고 증명해 주었습니다. 그는 내 팔꿈치가 탈골되고 부스러기 몇 개가 뼈에서 떨어져 나갔다고 설명했습니다. 의사가 설명하기를 오히려 팔이 부러지는 것보다 이게 더 나쁜 경우인데, 팔꿈치를 감싸고 있는 인대와 근육들을 제자리에 잡아주어야 하기 때문이었습니다. 이렇게 하기 위해서 마취를 해야 하는데, 그러지 않고서는 고통을 견디지 못할 것이라고 했습니다.

그리고 그는 내가 며칠동안 입원해야 할 것이라고 말했습니다. 그러고 나서 적어도 4주는 팔에 깁스를 하고 그런 다음에는 얼마간 삼각건에 팔을 매달고 다녀야 할 것이라고 했습니다.

다음날 오후 나는 내 병실 침대에 기대어 앉아 있었습니다. 나는 병원 복도를 왔다 갔다 걸어 다녔던 터라 옷을 다 입고 거기 앉아 있었습니다. 내 저녁 식사가 오기 전에는 잠시 로비에 가서 앉아 있었습니다. 저녁 식사가 끝난 후에는 혼자 있었는데, 약간 쓸쓸한 느낌이 있었습니다.

흰 예복을 입은 방문객

그때 복도를 따라 내 방을 향해 걸어오는 발자국 소리가 들렸습니다. 나는 누구인가 하고 문을 바라봤는데, 아직 6시 반밖에 되지 않아서 방문객이 오기에는 이른 시간이었기 때문이었습니다. 흰 옷을 입은 어떤 사람이 문으로 들어오기에, 처음에는 간호사인줄 알았습니다.

그러나 가까이에서 보게 되니, 그분은 예수님이셨습니다! 나는 머리카락이 곤두서는 것 같았습니다. 갑자기 차가운 냉기가 내 온몸에서 흘러나왔고, 나는 말 한마디도 할 수 없었습니다.

예수님께서는 내 침대로 다가와 의자에 앉으셨습니다. 주님은 하얀 예복을 입으셨고, 샌들같은 것을 신으셨습니다. (내가 전에 주님을 뵈었을 때는 맨발이셨습니다.)

주님께서 나와 대화하기 시작하셨습니다. "요 전날 밤 병원 가는 길에 차안에서 네 팔이 부러진 것이 아니라고 내가 네게 일러주었고, 너는 그것이 정말이라는 것을 알게 되었다. 또 내가 그것에 대해 나중에 다시 얘기할 것이라고 했었지."

어떤 사람들은 주님께서 어떤 방법으로 이것을 내게 말씀하셨는지 물어볼지 모르겠습니다. 차를 타고 오는 동안, 주님께서 말씀하시는 것이 너무 분명해서 차에 있던 사람들도 모두 주님의 목소리를 들은 줄 알았습니다. 사실, "당신들도 들었어요?"하고 사람들에게 물어봤습니다. 그러나 다른 사람들은 아무 소리도 듣지 못했던 것입니다.

구약에서 우리는 거듭 반복해서 나오는 표현을 볼 수 있습니다. "여호와의 말씀이 내게 임하니라 이르시되"(렘 2:1), "여호와의 말씀이 엘리야에게 임하여 이르시되"(왕상 17:2). 이 말씀은 분명 귀에 들리는 것이 아니었습니다. 만일 그것이 인간의 목소리처럼 귀에 들리는 음성이었다면, 함께 있던 사람들 모두 그것을 들었을 것이고, 선지자가 사람들에게 주님께서 말씀하신 것을 전할 필요가 없었을 것입니다. 그 말씀은 귀에 들리는 것이 아니었습니다. 하나님의 영, 성령님에게서 선지자의 영에게 전달된 것입니다. (그럴 때는 매우 실제적이어서 마치 귀에 들리는 듯 한 것입니다.)

내 병실에서 주님께서는 병원으로 오는 도중 차 안에서 말씀하셨던 것을 상기시키셨습니다. "나는 네 팔이 부러지지 않았지만, 네 팔꿈치가 탈골되고 약간 부서졌다고 얘기했다. 나는 또한 이것이 마귀의 역사이지만 결국 나의 영광과 네게 좋은 일이 될 것이라고 말했다."

나는 대답했습니다. "예, 주님, 주님께서 제게 말씀하신 것들을 알고 있었기에 저는 한 순간도 걱정하지 않았습니다. 사실, 주님 안에서 영광스런 시간을 갖고 있었습니다."

완전한 뜻과 허락하신 뜻 perfect vs. permissive will

"내 말을 받아들인 것으로 칭찬 받을 것이다." 주님께서 말씀하셨습니다. "이제 나는 네게 말해주려고 한다. 이 일이 벌어진 것은 이것이 너를 향한 나의 완전한 뜻이었기 때문이 아니다. 그것은 전혀 내 뜻이 아니다. 이 일이 네게 벌어진 것은 네가 나의 완전한 뜻에서 벗어나서 허락한 뜻으로 들어갔기 때문이다."

주님께서는 성경 구절을 생각나게 하셨습니다. "너희는 이 세대를 본받지 말고 오직 마음을 새롭게 함으로 변화를 받아 하나님의 선하시고 good 기뻐하시고 acceptable 온전하신 perfect 뜻이 무엇인지 분별하도록 하라"(롬 12:2). 나는 이 구절을 다르게 번역한 것을 읽은 적이 있습니다. "하나님의 선하시고 허락하시고 permissive 온전하신 뜻이 무엇인지 분별하도록 하라."

주님께서는 사람들이 명확하게 주님의 뜻이 아닌 것들도 행하도록 허락하신다고 설명하셨습니다. 예를 들면, 주님께서는 "이스라엘이 왕을 갖는 것은 내 뜻이 아니었고, 나는 그들에게 그렇게 말했다. 그러나 그들은 다른 나라들과 같아지길 원했다."라고 하셨습니다. (그들은 계속 왕을 달라며 시끄럽게 굴었고, 그래서 하나님은 그들이 왕을 갖는 것을 허락하셨습니다.)

"얼마 전 네가 목사 총회에서 설교했을 때, 너는 네 사역이 교사와 선지자의 사역이라고 했다. 너는 가르치는 사역을 우선으로 하고 선지자의 사역을 나중으로 해서 순서를 뒤바꾸었기 때문에 곤경에 빠지게 된 것이다. 네가 그렇게 했을 때, 너는 나의 완전한 뜻에서 벗어나 내가 허락한 뜻 안으로 들어가, 결국 마귀가 너를 공격하도록 문을 열게 된 것이다.

넘어져 팔을 다치게 될 것을 알면서도 어째서 그것을 막지 않았냐고 너는 내게 물을 수도 있겠지. 물론 내가 그렇게 할 수는 있었지만, 그렇게 하는 것을 나는 원하지 않았다. 그리고 너는 내가 그것을 막지 않았다는 것에 화내는 대신에 내가 그 일이 벌어지는 것을 허락했다는 것에 기뻐해야 마땅하다. 만일 내가 사탄이 이 일로 네 주의를 끄는 것을 허락하지 않았더라면, 너는 55세 이상을 살지 못했을 것이다. 왜냐하면 너는 나의 완전한 뜻이 아니라 허락한 뜻 안에서 계속 살았을 것이기 때문이다.

이에 대해 네게 얘기한 것이 이번이 세 번째이다. 이와 같은 이유로, 나는 네가 팔에 깁스를 하고 그 후에는 얼마간 삼각건에 팔을 매달고 다니도록 할 것이다. 어쨌든, 나는 네 치료 과정의 속도를 높여서 의사가 말한 기간만큼 네가 불편하도록 하지는 않겠다." 그리고 주님께서는 내가 언제 깁스를 풀지 정확한 날짜를 말씀해 주셨습니다.

주님께서는 계속 말씀하셨습니다. "너는 하나님께서 주신 건강을 25년 동안 누려왔다. 지금도 너는 병들지 않았다. 그러나 너는 지난 2년 동안 나의 완전한 뜻에서 벗어나 오로지 내가 허락한 뜻 안에서만 살아왔다." (내가 십대 소년일 때 치유 받은 이후로 50년이 흘렀습니다. 주님께서는 질병으로부터 나를 지켜주셨고, 이 모든 세월동안 내게 건강을 주셨습니다. 팔을 다쳤던 것이 유일한 사고였습니다.)

성령님께서 선지자와 교사의 사역을 위해 나에게 기름 부으셨음에도 불구하고, 내가 가르치는 사역을 첫 번째로 놓았던 것은, 가르치는 것을 원래부터 우선순위에 두었기 때문이었습니다. 물론 성경을 가르치는 것에 대한 큰 필요를 본 것도 있었고, 목사님들도 나의 가르치는 능력을 격려해 주었습니다. 그러나 주님께서는 환상가운데 내게 그것은 유보해 두고 나의 선지자로서의 사역을 우선으로 두게 될 것이라고 하셨습니다.

나는 이 사고가 주님으로부터 비롯된 것이 아니라는 것을 깨달았습니다. 주님께서는 단지 허락만 하셨을 뿐입니다. 요한복음 10장 10절에 "도둑이 오는 것은 도둑질하고 죽이고 멸망시키려는 것뿐이요 내가 온 것은 양으로 생명을 얻게 하고 더 풍성히 얻게 하려는 것이라"라고 되어 있습니다. 훔치고 파괴하는 것은 원수의 짓입니다. 주님께서는 그런 것들을 단지 허락하긴 하지만 그것을 지시하지는 않으십니다.

예를 들어, 욥의 자녀들이 죽거나 그의 가축들이 도둑질 당했던 것의 원인은 하나님이 아니었습니다. 강도들이 그를 강탈하거나 그의 농작물들이 불타버린 것의 원인은 하나님이 아니었습니다. 그의 몸을 종기로 후려치시지 않았습니다. 마귀가 그렇게 한 것입니다. 주님께서는 그가 그렇게 하도록 허락하셨을 뿐입니다.

내 주의를 끌어 주님의 완전한 뜻에 내가 온전히 항복하고 순종할 수 있도록 하나님께서는 이 재앙이 내 인생에 일어나도록 허락하신 것입니다. 예수님께서 내게 말씀하셨습니다. "남자들이건 여자들이건, 하나님께로부터 오는 치유와 건강을 누리는 것이 나의 완전한 뜻이건만, 많은 사람들이 너처럼 오직 나의 허락한 뜻 안에서만 살아가고 있다. 그런 이유로, 그들의 삶에 어려움이 생기는 것이 허락되는 것이다.

또 다른 어떤 사람들은 믿음이 약하다. 그들의 믿음은 그들에게 속한 치유를 받을 만큼 강한 믿음을 갖고 있지 못하다. 어떤 이들은 무엇이 그들에게 속한 것인지도 모르고 있다. 병들어 입원해서 의사들의 치료를 받고 있는 사람들을 위해 늘 기도해라. 그러면 내가 그 치료 과정의 속도를 빠르게 할 것인데, 내가 네게도 이같이 행할 것이다."

13일 후 나는 깁스를 교체하려고 다시 의사에게 갔습니다. 깁스를 벗기고 내 팔을 보더니 의사는 놀라움을 금치 못하며 이렇게 얘기했습니다. "나는 이렇게 빨리 나은 팔을 본 적이 없어요." 내 팔과 같은 경우는 제대로 낫는데 보통 4주 정도 걸리는 것이었습니다.

의사는 내 아내에게 내가 다시는 그쪽 손으로 어깨를 만질 수 없을 것이라고 말했었습니다. 그러나 나는 할 수 있습니다. 주님께서 내 병원 침대 옆에 앉아서 얘기하실 때, 그 팔을 사용하는데 99% 치료해 주시겠다고 하셨습니다. 주님께서는 내가 다시 주님께 불순종 하지 않고 주님께서 주신 사역을 하도록, 1%의 장애를 남겨놓으시겠다고 하셨습니다. (내 팔은 아주 미미한 불편함을 줄 뿐입니다. 어느 누구도 뭔가 잘못됐다고 얘기하는 사람이 없고, 대부분 내가 팔을 사용하는 데 전혀 지장이 없습니다.)

이스라엘에게 주신 치유의 약속

그 환상 가운데 주님께서 계속해서 말씀하실 때, 주님께서는 내게 치유 사역과 하나님이 주시는 치유와 하나님이 주시는 건강에 관해 말씀하셨습니다. 주님께서는 치유에 관해 이스라엘에게 주신 약속들을 내게 상기시키셨습니다.

이르시되 너희가 너희 하나님 나 여호와의 말을 들어 순종하고 내가 보기에 의를 행하며 내 계명에 귀를 기울이며 내 모든 규례를 지키면 내가 애굽 사람에게 내린 모든 질병 중 하나도 너희에게 내리지 아니하리니 나는 너희를 치료하는 여호와임이니라
출 15:26

여호와께서 또 모든 질병을 네게서 멀리하사… 신 7:15

…내가 너의 날 수를 채우리라 출 23:26

주님께서 설명해 주셨습니다. "이스라엘은 거듭나지 않았다. 그들은 너희들처럼 교회 안에 속해있던 것이 아니다. 너희는 하나님의 자녀가 되었다. 실제로 하나님의 아들이 되었다."

보라 아버지께서 어떠한 사랑을 우리에게 베푸사 하나님의 자녀라 일컬음을 받게 하셨는가… 사랑하는 자들아 우리가 지금은 하나님의 자녀라…   요일 3:1-2

영접하는 자 곧 그 이름을 믿는 자들에게는 하나님의 자녀가 되는 권세를 주셨으니   요 1:12

예수님께서 말씀하셨습니다. "이스라엘 사람들은 나의 아들이 아니었다. 그들은 나의 종이었다. 그리고 만약 내 종들이 병드는 것이 나의 완전한 뜻이 아니었다면, 내 아들들이 병드는 것이 내 완전한 뜻이 아니라는 것은 분명하다. 나는 그들에게 치유를 제공해왔다."

선지자의 사역

"이제 선지자의 사역에 관해 말해주겠다." 예수님께서 말씀하셨습니다. "너는 그 순서를 바꿔서, 가르치는 사역을 우선으로 하고 선지자의 사역을 나중으로 했기 때문에, 너는 그것을 놓치고 오직 내가 허락한 뜻 안에만 있었던 것이다. 말씀 가운데 사역에 관해 언급된 곳은 어디나 선지자의 사역이 가르치는 사역보다 우선인 것을 알고 있었느냐?

> 그러므로 이르기를 그가 위로 올라가실 때에 사로잡혔던 자들을 사로잡으시고 사람들에게 선물을 주셨다 하였도다… 그가 어떤 사람은 사도로, 어떤 사람은 선지자로, 어떤 사람은 복음 전하는 자로, 어떤 사람은 목사와 교사로 삼으셨으니 이는 성도를 온전하게 하며 봉사의 일을 하게 하며 그리스도의 몸을 세우려 하심이라   엡 4:8,11-12

이것들이 하나님께서 사람들에게 주셨다고 바울이 말한 섬기는 은사들이다. 오직 열 두 제자들만 사도라고 하는 사람들이 있다. 그러나 사도라고 불리는 사람들은 신약에 23명이 있다. '사도'라는 그리스어인 아포스톨로스apostolos는 '보냄 받은 자'라는 뜻이다.

바울 당사자조차도 내가 땅에서 사역을 시작할 때부터 함께 있지 않았기 때문에, 원래 12사도에 속하지는 않는다. 유다는 원래 12사도 중의 하나였지만, 배신 후에 나가 목매달아 자살했고, 맛디야가 그를 대신하게 되었다. 이로인해 맛디야가 13번째 사도가 된 것이다.

'두 사도 바나바와 바울이…'(행 14:14). 이 구절에 따르면, 바나바는 바울과 마찬가지로 사도였고, 그들은 14번째와 15번째 사도가 되었다는 것을 주목하거라.

갈라디아서에서 우리는 바울이 '또 나보다 먼저 사도 된 자들을 만나려고 예루살렘으로 가지 아니하고 아라비아로 갔다가 다시 다메섹으로 돌아갔노라 그 후 삼 년 만에 내가 게바를 방문하려고 예루살렘에 올라가서 그와 함께 십오 일을 머무는 동안 주의 형제 야고보 외에 다른 사도들을 보지 못하였노라'(갈 1:17-19)라고 한 것을 볼 수 있다.

여기서 바울은 야고보가 12사도 중의 하나가 아니었는데도, 그를 사도라고 부르고 있다. 야고보는 예루살렘 교회의 우두머리로 보내심을 받았다. 그는 '보냄 받은 자'였기 때문에 바울은 그를 사도라고 불렀다. 이것으로 야고보가 성경에서 언급된 16번째 사도이다.

로마서에서 바울은 '내 친척이요 나와 함께 갇혔던 안드로니고와 유니아에게 문안하라 그들은 사도에게 존중히 여겨지고 또한 나보다 먼저 그리스도 안에 있는 자라'(롬 16:7)라고 했다. 그러므로 안드로니고와 유니아는 17번째와 18번째 사도이다.

바울은 데살로니가에 쓴 첫 번째 편지 서두에 '바울과 실루

아노와 디모데는 하나님 아버지와 주 예수 그리스도 안에 있는 데살로니가인의 교회에 편지하노니…'라고 시작했다. 그리고 2장에서는 그들 세 사람을 그리스도의 사도라고 했다(6절). 그러므로 바울을 제외한 뒤의 두 사람이 19번째와 20번째 사도가 된다.

고린도후서 8장 23절에서 이름이 알려지지 않은 두 명의 형제들이 사도라고 불리고 있으니, 이제 그 수가 22명이다.

빌립보서에서 바울이 이르기를 '그러나 에바브로디도를 너희에게 보내는 것이 필요한 줄로 생각하노니 그는 나의 형제요 함께 수고하고 함께 군사 된 자요 너희 사자로 나의 쓸 것을 돕는 자'(빌 2:25)라고 했다. 여기서 사용된 '사자messenger'라는 그리스어는 다른 곳에서는 '사도'라고 번역되어 있다. 그러므로 이것으로 23명의 사도들이 신약에 언급되어 있는 것이다."

이로써 우리는 한 개인이 교회의 '보냄 받은 자'가 되거나 사자가 될 수 있고 정당하게 교회의 사도로 불릴 수 있다는 것을 알 수 있습니다. 스미스 위글스워스는 믿음의 사도라 불립니다. 그리스도께서 누군가를 부르셔서 보내신다면, 그는 그리스도의 사도입니다.

선교사의 위치

에베소서 4장 11절의 섬기는 은사 목록 중에 선교사에 대한 언급은 없습니다. "그가 혹은 사도로, 혹은 선지자로, 혹은 복음 전하는 자로, 혹은 목사와 교사로 주셨으니." 사실, '선교사'라는 단어는 신약 성경에 있지도 않습니다.

선교사의 사역은 사도의 부르심에 포함됩니다. 예를 들어, 어떤 사람이 성령님의 부르심으로 아프리카 선교사가 되었다면, 선교협회에서 그를 보낼 수도 있지만, 만약 보내신 분이 정말 성령님이시라면, 그는 아프리카 사람들에게 사도가 될 것입니다.

예수님께서 환상 가운데 내게 지적하셨듯이, 바울이나 바나바도 처음부터 사도로 시작한 것은 아니었습니다.

> 안디옥 교회에 선지자들과 교사들이 있으니 곧 바나바와 니게르라 하는 시므온과 구레네 사람 루기오와 분봉왕 헤롯의 젖동생 마나엔과 및 사울이라   행 13:1

이 다섯 사람 모두 선지자나 교사였던 사람들이었습니다. 여기서 사울과 바나바는 사도가 아닌 선지자나 교사로 언급되어 있습니다. 우리는 바울이 선지자요 교사였던 것을 알고 있으며, 바나바는 교사였다고 일컬어지고 있습니다. 그들은 나중에 사도가 된 것입니다.

> 주를 섬겨 금식할 때에 성령이 이르시되 내가 불러 시키는 일을 위하여 바나바와 사울을 따로 세우라 하시니 이에 금식하며 기도하고 두 사람에게 안수하여 보내니라 두 사람이 성령의 보내심을 받아…   행 13:2-4

다른 말로 하자면, 바울과 바나바는 '보냄 받은 자'들 또는 사도들이었습니다. 사도행전의 그 다음 장에는 "두 사도 바나바와 바울이…"(행 14:14)라고 되어 있습니다. 바나바는 바울이 그러했던 것처럼, 이방 사람들에게 '보냄 받은 자' 또는 사도였기 때문에 사도라고 불리고 있습니다.

주님께서는 이러한 것들을 환상 가운데 내게 가르치신 후에, 사도와 선지자의 사역은 여전히 오늘날도 해당되는 것이라고 보여주셨습니다. 선지자의 사역이 우선인 것에 관해 나를 다루시면서, 주님께서는 성경에서 선지자의 사역이 가르치는 사역보다 앞에 기록되어 있다는 것을 지적하셨습니다. 바울은 사도, 선지자, 전도자, 목사 그리고 교사라는 목록을 그 중요성에 따라 순서를 정한 것입니다.

더구나 사도행전 13장 1절에서는 안디옥 교회에서 기도하던 사역자들을 언급하면서, '교사와 선지자'라고 하지 않고, '선지자와 교사'라고 하며 그들의 명단을 기록하고 있습니다.

내 병원 침대 옆에 앉아 계시면서, 예수님께서는 아래의 성경 구절을 내게 지적해 주셨습니다.

> 너희는 그리스도의 몸이요 지체의 각 부분이라 하나님이 교회 중에 몇을 세우셨으니 첫째는 사도요 둘째는 선지자요 셋째는 교사요 그 다음은 능력을 행하는 자요 그 다음은 병 고치는 은사와 서로 돕는 것과 다스리는 것과 각종 방언을 하는 것이라 다 사도이겠느냐 다 선지자이겠느냐 다 교사이겠느냐 다 능력을 행하는 자겠느냐 다 병 고치는 은사를 가진 자겠느냐 다 방언을 말하는 자겠느냐 다 통역하는 자겠느냐
>
> 고전 12:27-30

주님께서 말씀하셨습니다. "여기서 바울은 성령의 은사가 아닌 섬기는 은사에 대해서 다시 말하고 있다. 여기서도 역시 선지자의 사역이 가르치는 사역보다 앞에 기록된 것을 주목해 보아라. 이 두 은사가 언급된 곳 어디나 선지자의 사역이 먼저 언급된다."

예수님께서는 선지자에 대해 내게 계속 얘기하시며, 선지자란 환상과 계시, 즉 그에게 밝히 드러나는 것들을 가진 사람이라고 설명하셨습니다.

구약에서 선지자는 '보는 자seer'라고 불렸는데, 그는 초자연적으로 보고 알았기 때문입니다. 정의에 따르면, 선지자는 초자연적으로 보고 아는 사람인데, 적어도 두 가지의 계시의 은사에, 그의 삶과 사역 가운데 역사하는 예언의 은사가 더해진 사람이기 때문입니다. 이것으로 선지자의 직임이 세워집니다.

> 예언하는 자는 둘이나 셋이나 말하고 다른 이들은 분별할 것이요 만일 곁에 앉아 있는 다른 이에게 계시가 있으면 먼저 하던 자는 잠잠할지니라 고전 14:29-30

사도행전 13장 1절에서는 바울이 선지자와 교사로 불렸다는 것을 주목하시기 바랍니다. 바울은 자기가 예수 그리스도의 계시로 가르침을 받았다고 했습니다. 그것은 바울에게 계시로 온 것입니다. 사람이 그를 가르친 것이 아닙니다.

처음부터 선지자로서 사역을 시작하는 것은 아니라는 것에 유의하시기 바랍니다. 선지자의 직임을 감당하기 위해서는 무엇보다 먼저 그의 인생을 향한 하나님의 부르심과 함께 사역을 위해 구별되고 부름 받은 사역자가 되어야 합니다. 그리고 두 번째로, 적어도 두 가지의 계시의 은사들과 그의 사역 가운데 역사하는 예언의 은사 또한 가져야만 합니다.

예수님께서는 계시의 은사들이란 지혜의 말씀, 지식의 말씀 그리고 영 분별하는 은사라고 지적하셨습니다.

내가 성령 세례를 받고 난 그 즉시 지식의 말씀이 내 삶에 역사하기 시작했습니다. 내가 영 안에 있을 때에는 영 분별하는 은사 또한 역사합니다.

그러므로 내가 영 안에 있을 때, 지식의 말씀과 영 분별하는 은사에 예언까지 더해서 내 사역 가운데 역사하고 있습니다. 이로씨 선지자의 직임이 성립됩니다.

평신도들도 지식의 말씀을 가끔 받을 수 있습니다. 영적 은사인 지식의 말씀은 하나님의 마음 속에 있는 확실한 사실들이 성령님에 의해 계시되는 것입니다. 하나님께서는 모든 것을 아시지만, 알고 계신 모든 것을 계시하지는 않으십니다. 하나님께서는 단지 지식의 '낱말word'을 주십니다. 낱말은 문장의 단편적인 부분입니다. 하나님께서는 개인에게 그 때 그 때 알려주고자 하시는 것들 – 단지 하나님께서 가지신 지식의 일부 – 을 주시고, 그것은 성령님에 의해 주어집니다.

예수님께서는 내 옆에 앉아 말씀하시면서 내게 이것을 지적하셨습니다. 주님께서는 선지자이건, 사역자이건, 평신도이건 간에, 그가 성령 충만한 사람이기만 하면, 가끔 필요할 때 지식의 말씀을 가질 수도 있다고 하시면서, 그렇다고 지식의 말씀이 그 사람을 선지자로 만드는 것은 아니라고 지적하셨습니다.

평신도는 사역자로 부르심을 입지 않았고, 그러므로 그는 선지자로 부르심을 받을 수 없는 것입니다. 사역자는 전도자나 목사로 부르심을 받을 수 있겠지만, 단지 그가 가끔 지식의 말씀으로 다른 누군가를 도왔다고 해서 그가 선지자로 부르심을 받을 수는 없습니다. 선지자의 직임이 성립하기 위해서는, 적어도 두 가지의 계시의 은사들과 예언이 지속적으로 나타나야 합니다.

구약 시대에 역사한 은사들

예수님께서는 방언과 방언 통역을 제외한 모든 은사들이 구약 시대에도 역사했다고 좀 더 가르쳐 주셨습니다. "방언은 이 시대에 국한된 예외이다."

구약의 선지자들은 초자연적으로 어떤 사실들을 알았습니다.

이 한 예를 열왕기하 5장에서 발견할 수 있습니다. 시리아 왕의 군 사령관 나아만이 선지자 엘리사가 명한 대로 요단강에 일곱 번 몸을 담그고 문둥병이 나았을 때, 그는 엘리사에게 많은 은과 금을 바쳤습니다. 그러나 엘리사는 나아만의 돈을 받는 것을 거절했는데, 그는 나아만이 치유 받은 것에 댓가를 '지불' 하려는 것을 알았기 때문이었습니다. 그것은 돈으로 살 수 있는 것이 아닙니다. 그것은 하나님께서 주시는 선물입니다.

엘리사에게는 게하시라는 종이 있었는데, 나아만을 쫓아가, 두 명의 젊은 선지자들이 엘리사를 찾아왔는데, 엘리사가 자기 자신을 위해서는 아무것도 취하지 않겠지만, 이 젊은 선지자들을 위해서는 은 한달란트와 갈아입을 옷 두벌을 게하시를 통해 주는 것이 좋겠다고 엘리사가 말했노라고 했습니다. 나아만은 나은 것이 너무 감격스럽고 감사해서 게하시가 요구한 두 배를 그에게 주었습니다.

물론, 게하시는 거짓말을 하고 있었습니다. 그는 선지자들에 관한 이야기를 지어냈습니다. 그는 나아만의 선물을 받아 자기 혼자 쓰려고 숨겨 두었습니다. 그리고 나서 엘리사 앞에 갔을 때, 선지자가 어디 갔다 오느냐고 묻자, 게하시는 아무데도 가지 않았다고 거짓말을 했습니다.

엘리사가 대답했습니다. "…한 사람이 수레에서 내려 너를 맞이할 때에 내 마음이 함께 가지 아니하였느냐"(왕하 5:26). 엘리사는 그의 영 안에서 진실을 알고 있었습니다. 이것은 초자연적인 계시일 것입니다. 그것은 선지자의 직임에서 역사하는 지식의 말씀입니다.

많은 사람들은 이런 사역을 가지고 있는 사람이라면, 자동적으로 어떤 사람이건 그 사람과 관련된 무엇이든 말해 줄 수 있을 것이라고 생각하지만, 사실은 그렇지 않습니다. 우리는 우리가 원하는대로 켜고 끌 수 없습니다. 은사는 오직 주님께서 원하실 때만 역사합니다.

게하시는 엘리사와 늘 함께 있으면서, 선지자가 언제나 모든 것을 다 알지는 못한다는 것을 알고 있었습니다. 그는 아마도 그 속임수가 통할 줄 생각했나봅니다.

사람들은 자주 내게 그들의 문제가 무엇인지 물어보는 편지를 보내곤 합니다. 내가 녹음기를 틀듯이 단추를 눌러 은사를 작동시킬 수 있는 것이 아닙니다! 그것은 성령님의 뜻대로, 그리고 내게 부으시는 그분의 기름부음으로 일어나는 것입니다. 예배 가운데 은사가 역사할 때 그 사람이 나와 함께 있어야 하는 것입니다.

이것이 바로 내가 기름부음에 관하여 설교하는 이유입니다. 내가 설교할 때, 회중에게 믿음이 생겨나 그들을 섬기도록 기름부음이 내게 부어지는 것입니다. 내가 이와 같은 방법으로 매일 밤 사역할 수 있었다면 그렇게 했을 것입니다. 때로는 하나님께서 회중 모두를 섬길 수 있도록 하셔서 각각에게 주실 메시지를 내게 주신 적도 있습니다. 성령님의 역사가 나타날 때는 무슨 일이든 벌어질 수 있습니다. 그러나 내가 원한다고 해서 그런 일이 생기도록 할 수 있는 것은 아닙니다.

지식의 말씀

한번은 내가 캔사스에서 설교하고 있을 때, 한 사모님이 내게 기도를 부탁했습니다. 그녀가 기도 제목을 나누기 시작할 때, 주님의 말씀이 내게 임해서 나는 그녀에게 잠시 기다려달라고 부탁했습니다.

"만일 내가 주님께서 보여주신 것을 당신에게 말하기 전에, 당신이 필요한 것을 먼저 말한다면, 당신은 내가 나 자신의 지식으로 말 한다고 생각할 것입니다. 그러나 하나님께서 초자연적으로 사람들의 필요를 보여주시고 어떻게 그 문제를 해결해야 할 지 가르쳐주실 때는, 그 사람은 그것이 초자연적이라는 것을 알게 됩니다."

주님께서는 환상 가운데 이 여인을 보여주셨습니다. 그녀는 매우 우울하고 낙심되어 있었습니다. 나는 그녀에게 말했습니다. "나는 당신이 머리가 너무 아픈 나머지 침대에 누워 젖은 수건을 머리에 얹고 차양을 내리고 있는 것이 보입니다. 당신은 가끔 2주고 3주고 계속 이런 상태로 있기도 하지요."

그녀는 몹시 놀랐습니다. 그리고 나는 하나님께서 내게 주신 메시지를 그녀에게 전했습니다. 주님께서는 이 여인이 구원받은 지 얼마 되지 않아서 죄를 지은 것을 보여주셨는데, 그때 이후로 용서받지 못할 죄를 저질렀다고 악한 영이 계속 그녀를 괴롭혀온 것이었습니다.

그녀는 구원받고 2년 후에 거짓말을 했는데, 마귀가 그 이후로 줄곧 그녀를 괴롭혀왔노라고 시인했습니다. 그녀는 어떻게 우울의 영이 그녀에게 와서 3주 내내 머물러 그녀 스스로 방문을 걸어 잠그고는 통증을 좀 덜어 보려고 찬 수건을 이마에 얹고 누워있었는지 얘기해 주었습니다.

나는 그 속이는 영에게 권세를 행사하여 당장 그녀를 떠나라고 명령했습니다. 내가 그녀를 다시 보았을 때, 나는 더 이상 그녀를 괴롭히던 문제를 발견할 수 없었습니다.

또 다른 도시에서 있었던 일인데, 나는 간질병을 앓고 있는 한 젊은이를 위해 기도했습니다. 그는 군대에 갈 수 있는 나이가 되었지만, 발작 때문에 거절당했습니다. 그가 기도 받는 줄에 서 있을 때, 나는 지식의 말씀을 통해 악한 영을 다뤄야 한다는 것을 알게 되어서 예수님의 이름으로 쫓아냈습니다.

그 일이 있은 후 12개월 후에 그 교회 예배에 다시 가게 되었습니다. 내가 옆문을 나와 강단으로 걸어가는 중에, 나의 시선에 그 젊은이가 들어왔습니다. 주님의 말씀이 내게 임하여 지식의 말씀을 주셨습니다. "작년에 네가 여기 있을 때, 너는 그의 몸에서 악한 영을 쫓아냈다. 12개월 동안 그가 간질로 발작하는 일은 없었다. 그러나 지난 2주 동안 밤에 자는 도중 세 번의 발작이 일어나 잠을 못 잤다. 이러한 발작들의 원인은 그가 두려워하며 잠자리에 들고 걱정하며 잠들기 때문이다."

그리고 주님께서는 내가 설교하기 전에 그 젊은이를 강단에 불러 주님께서 내게 보여주신 것을 그에게 말해야 한다고 하셨습니다. 주님께서는 내가 그 악한 영을 다시 쫓아내야 한다고 하셨습니다. 그리고 또한 그 젊은이에게 어떻게 두려움을 대적하고 치유 받은 것을 유지하는지 가르쳐야 했습니다.

내가 주님께 순종하여 그 젊은이를 앞으로 불러, 주님께서 내게 보여주신 것들을 말하자, 그는 몹시 놀라 내가 말한 것이 사실임을 확인해 주었습니다. 나는 내가 그에게서 악한 영을 쫓아내려고 하는데, 내가 가버린 후에는 그 스스로 할 일을 해서 야고보서 4장 7절에 이른 대로 마귀를 대적해야 할 것이라고 말해주었습니다. 그 이후로 수년이 지났지만, 그가 다시 간질로 발작을 일으킨 적은 한 번도 없습니다.

그 사역들(5중 사역)은 없어져버렸나?

하나님의 말씀은 하나님께서 어떤 이들은 사도로, 어떤 이들은 선지자로, 어떤 이들은 전도자로, 어떤 이들은 목사로, 어떤 이들은 교사로 주셨다고 하십니다. 많은 사람들이 말할 것입니다. "그래요, 하지만 이런 사역들은 지금은 없어져버렸어요. 오늘날 남아있는 사역들은 교사와 목사와 전도자뿐이에요. 오늘날 사도나 선지자는 없어요."

그러나 바울은 그런 구별을 하지 않았다는 것을 주목하기 바랍니다. 그는 하나님께서 어떤 이들은 사도로, 어떤 이들은 선지자로, 어떤 이들은 전도자로, 어떤 이들은 목사로, 어떤 이들은 교사로, 그리스도의 몸을 섬기는 일과 세우는 일에 부르셨다고 했습니다(엡 4:11-12).

모든 성도가 이미 온전케 되었습니까? 오늘날도 계속되고 있는 사역이 있긴 있습니까? 그리스도의 몸을 세우는 일이 아직

도 필요합니까? 그렇다면, 이 모든 사역들과 섬기는 은사들은 지금도 역사해야 합니다. 그것들은 없어지지 않았습니다.

우리는 하나님의 계획에서 우리의 자리를 발견해야 하고, 무엇을 위해 우리를 부르셨는지 알아야 합니다. 하나님께서는 그분의 영으로 우리를 준비시켜 우리를 부르신 그 직임을 감당하게 하실 것입니다. 우리는 주님의 뜻과 목적과 계획에 따라 섬기도록 주신 섬기는 은사들을 사용할 수 있습니다.

주님께서는 내 침대 옆에 앉아 말씀하시면서, 내가 성령 세례를 받고 방언을 말했을 때부터 지식의 말씀이 즉각 나타나기 시작했다는 것을 내게 상기시키셨습니다. 주님께서 지적하셨듯이, 지식의 말씀은 초자연적인 계시(성령의 은사들은 모두 초자연적입니다)입니다. 만약 그들 중 하나가 초자연적인 것이라면, 그들 모두 초자연적인 것입니다. 만약 지식의 말씀이 초자연적인 계시가 아니라면, 치유의 은사도 초자연적인 것이 아닐 것입니다.

또한, 그것이 '지식의 은사'라고 불리지 않는 것을 주목하기 바랍니다. '지식의 말씀'입니다. 지식의 말씀의 영적 은사는 현재 또는 과거의 사람들, 장소, 또는 어떤 것들에 관한 성령님에 의한 초자연적인 계시입니다.

한편, 지혜의 말씀은 미래의 지식에 관련된 것입니다. 지혜의 말씀은 하나님의 계획과 목적에 관한 초자연적인 계시입니다.

지식의 말씀이 내 삶에 역사하기 시작했을 때, 나는 사람들이나 장소, 또는 어떤 것들에 관련된 것들을 알게 되곤 했습니다. 때로는 설교하고 있는 도중에 구름이 나타나 내 눈이 열려 환상을 보곤 했습니다. 회중 가운데 누군가가 다른 마을에 가서 죄를 범하는 것을 볼 수도 있었습니다. 환상 가운데 나는 다른 마을에 있는 그 사람을 보았고, 거기서 그가 저질렀던 죄도 보았습니다.

그러면 나는 그에게 그것에 관해 얘기하곤 했는데, 절대로 공개적으로 하지는 않았습니다. 성경은 위선자들만 공개적으로 질책해야 한다고 가르치기 때문입니다. 대개 이런 사람들은 죄를 범하긴 했지만, 위선자들은 아니었습니다. 그들은 올바로 행하기 원했습니다. 그들은 하나님을 섬기기 원했습니다. 하나님께서는 그들을 돕고 어떻게 유혹을 이기는지 그들에게 보여주시고자 우리에게 이런 일들을 보여주시는 것입니다. 우리는 이러한 종류의 사역이 성경적이며 오늘날도 필요하다는 것을 깨달아야 합니다.

때때로 지식의 말씀은 내적인 계시나, 예언, 또는 방언으로 전달된 메시지의 통역을 통해서도 임하곤 합니다.

어떤 사람이 가끔 주어지는 지혜의 말씀이나 지식의 말씀 또는 영들 분별하는 은사를 가졌다고 할지라도, 그것이 그를 선지자로 만드는 것은 아닙니다.

우리는 고린도전서 14장 3절에서 "그러나 방언을 말하는 자는 자기의 덕을 세우고edification 권면exhortation하며 위로comfort하는 것이요"라고 한 것을 봅니다. 그러므로 단순한 예언의 은사는 계시를 위해 주어지는 것은 아닙니다. 선지자는 그의 사역 가운데 역사하는 다른 은사들을 가지고 있기 때문에 종종 선지자의 발언은 그 안에 계시를 가지곤 하지만, 누군가 예언을 했다고 해서 그가 선지자가 되는 것은 아닙니다.

많은 사람들은 방언과 통역과 예언이 오직 공공의 유익을 위한 것이라고만 생각하지만, 이 은사들에는 그 이상의 유용함이 있습니다. 단순한 예언의 은사는 경배할 때나, 회중 또는 개인에게 말을 할 때 기도로 사용될 수 있습니다.

시편에는 성령님의 영감을 받아 예언 가운데 지어진 시들과 노래들 그리고 기도들이 많이 있습니다. 성령님께서는 방언과 통역과 예언으로 우리의 기도 생활을 도와주실 것입니다.

나는 내 기도 생활 가운데 언제나 방언과 통역을 사용합니다. 대부분의 경우 방언으로 한 시간 정도 기도한 후에 영어로 통역해서 기도합니다. 이런 식으로 내 마음mind을 세웁니다edified. 만일 내가 오직 방언으로만 기도한다면 나의 영은 세워지지만, 나의 마음mind은 아무런 열매를 맺지 못할 것입니다. 고린도전서 14장 4절에 "방언을 말하는 자는 자기의[또는 자기 영의] 덕을 세우고 예언하는 자는 교회의 덕을 세우나니"라고 되어 있습니다.

나는 방언으로 기도한 후 영어로 통역해서 기도하는 것을 하루에 여섯 시간씩 해오고 있습니다. 어떤 때는 오로지 예언만 하기도 합니다.

이것들 중 어떤 것도 내 마음mind에서 나오는 것은 아무것도 없습니다. 내가 영어로 기도할 때도 성령께서 초자연적으로 말하게 하심을 따라 기도합니다. 기도할 때 예언을 하는 것은 더 큰 축복입니다. 다른 어떤 것보다 예언은 그 사람을 높여 주는데, 예언은 방언보다 더 큰 영감을 수반하기 때문입니다.

이런 식으로 기도하는 것은 사역자에 따라 제한받는 것이 아닙니다. 모든 성령 충만한 그리스도인들은 그렇게 할 수 있습니다. 그러나 내가 말해왔듯이, 방언으로 기도하고 통역하거나 예언으로 기도하는 것이 그 자체로 한 개인을 선지자로 만들지는 못합니다.

주님께서는 그날 저녁 내 병원 침대 옆에 앉아 이 모든 것들을 내게 가르치셨습니다. 나는 그저 내 언어로 그것들을 요약하고 있을 뿐입니다. 주님께서는 환상에 대해서도 가르쳐 주셨습니다.

환상의 유형들

먼저, 주님께서 영적 환상이라고 부르시는 환상이 있습니다. 그것은 어떤 사람이 그의 영안에 환상을 갖게 되거나 또는 그의 영안에 무언가를 보는 경우입니다. 낮은 차원의 이런 환상과 가장 높은 수준의 계시는 매우 유사합니다.

다메섹으로 가는 중이었던 바울의 경험이 영적 환상의 한 예입니다. 바울은 그리스도인들을 핍박하기로 결심하고 다메섹으로 향하고 있었는데, 갑자기 한낮의 태양보다 밝은 빛이 그를 비추면서 당시 사울이라고 알려졌던 바울은 그에게 말씀하는 한 음성을 들었습니다. "땅에 엎드러져 들으매 소리가 있어 이르시되 사울아 사울아 네가 어찌하여 나를 박해하느냐 하시거늘 대답하되 주여 누구시니이까 이르시되 나는 네가 박해하는 예수라"(행 9:4-5).

이 경험과 관련해서 바울은 이 일이 일어났을 때, 그의 눈이 멀어 아무것도 볼 수 없었다고 했습니다. 바울은 그의 육체의 눈으로써가 아니라 영의 세계에서 주님을 보았던 것입니다.

같은 장인 사도행전 9장에서 우리는 주님께서 아나니아에게 말씀하신 것을 볼 수 있는데, 그는 다메섹의 평신도였습니다. 주님께서는 아나니아에게 직가라는 거리로 가서 "다소 사람

사울이라 하는 자를 찾으라 저가 기도하는 중이다 저가 아나니아라 하는 사람이 들어와서 자기에게 안수하여 다시 보게 하는 것을 보았느니라"(11, 12절)라고 말씀하셨습니다.

"아나니아가 떠나 그 집에 들어가서 그에게 안수하여 이르되 형제 사울아 주 곧 네가 오는 길에서 나타나셨던 예수께서 나를 보내어 너로 다시 보게 하시고 성령으로 충만하게 하신다 하니"(17절).

그러므로 우리는 사울의 육체의 눈이 멀었음에도 불구하고 예수님께서 사울에게 나타나셨던 것을 볼 수 있습니다. 이것이 영적인 환상입니다. 사울은 그의 영의 눈으로 예수님을 보았습니다. 이것이 첫 번째 가장 낮은 수준의 환상의 유형입니다.

예수님께서는 두 번째로 높은 수준의 환상의 유형은 무아지경trance에 빠지는 것이라고 가르쳐 주셨습니다. 바울이 예루살렘에 처음으로 갔을 때의 경우가 이러한 유형의 한 예가 되겠습니다. 사도행전 22장에서 그는 "후에 내가 예루살렘으로 돌아와서 성전에서 기도할 때에 비몽사몽trance간에 보매 주께서 내게 말씀하시되 속히 예루살렘에서 나가라 저희는 네가 내게 대하여 증거하는 말을 듣지 아니하리라 하시거늘"(17, 18절)이라고 했습니다. 바울이 무아지경에 빠졌었다고 한 것을 주목하기 바랍니다.

무아지경에 빠지면, 그의 육체적인 감각은 한동안 정지됩니다. 어디에 있는지 또는 육체와 접하는 어떤 것도 알아차리지 못합니다. 의식이 없는 것과는 다릅니다. 단지 육체적인 것들보다 영적인 것들을 더 의식하는 것뿐입니다.

사도행전 10장에는 주님께서 환상 가운데 베드로에게 이방인에게 복음을 전하라고 하신 이야기가 나옵니다. 베드로는 옥상에 기도하러 갔다가 거기서 비몽사몽trance간에 빠져 하늘이 열리는 것을 봅니다(10절). 그는 영적인 세계를 들여다보고 있었습니다.

우리는 성경에서 베드로와 바울 둘 다 무아지경에 빠져 영적인 세계를 들여다보았다는 것을 보았습니다. 무아지경이 환상 중에서 두 번째로 높은 수준의 유형입니다.

세 번째 유형의 환상은 실제로 가장 높은 수준의 유형입니다. 그것은 열린 환상이라고 불립니다. 이런 환상의 경우에는, 육체적인 감각이 정지하지 않습니다. 육체적인 눈이 닫히는 것이 아닙니다. 그의 육체적인 능력을 모두 소유한 채로 영의 세계를 들여다보는 것입니다.

내가 예수님께서 내 병실로 걸어들어 오시는 것을 본 환상이 이와 같은 종류의 환상입니다. 열린 환상 가운데, 나는 주님의 발자국 소리를 들었습니다. 주님께서 내 평소에 봐왔던 여느 사람과 다름없이 평범하게 내 방에 들어오시는 것을 보았습니다.

주님께서 내 사역에 관해 다루시며 내 삶에서 역사하는 계시의 은사들에 관해 보여주실 때, 예언자seer라고도 불렸고, 초자연적으로 알고 보았던 구약의 선지자들에 관해 얘기하셨습니다.

주님께서는 내게 어린 소년이었던 사울이 길 잃은 나귀들을 찾아다니던 때를 기억나게 하셨습니다(삼상 9장). 사울이 나귀들에 대해 물었을 때, 어떤 사람이 사무엘 선지자에게 가서 그의 아버지의 당나귀들을 어디서 찾을 수 있겠냐고 물어보라고 했는데, 이는 사무엘이라면 어디 있는지 알 수도 있기 때문이었습니다. 사울은 선지자를 찾아갔고, 사무엘은 이미 사흘 전에 당나귀들을 찾았고, 이제는 사울을 찾아다니고 있다고 했습니다. 사무엘은 이것을 초자연적으로 알았던 것입니다.

사무엘은 또 사울에게 기다리라고 부탁했는데, 그의 인생을 향한 하나님의 계획에 관한 지혜의 말씀이 그에게 있었기 때문이었습니다. 그리고 사무엘은 이스라엘의 첫 번째 왕이 되도록 사울에게 기름을 부었습니다.

사무엘이 이스라엘 땅의 잃어버린 나귀들이 어디 있는지 전부 알고 있었던 것은 아니라는 것은 확실합니다. 당시 잃어버린 나귀들이 꽤 많이 있었을 것입니다. 그러나 하나님께서는 그 특별한 시간에 이것을 그에게 계시하셨는데, 이는 그것이 이스라엘의 미래의 왕과 관련된 것이기 때문이었습니다.

한번은 새로운 교회를 건축 중인 목사님을 만나러 현장을 방문한 적이 있었습니다. 그 목사님이 주위를 구경시켜 준 후 우리는 작별 인사를 하고 각자 차를 타고 헤어지려고 했습니다. 내가 차에 오르고 있었는데, 주님의 말씀이 내게 임하셔서, 그가 세 가지 문제 – 체중 감량, 재정 문제, 그리고 형제를 향한 사랑의 부족 – 를 바로잡지 않는 한 그리 오래 살지는 못하게 될 거라고 내가 그에게 말해야한다고 하셨습니다.

나는 그에게 가서 이 말을 전하려고 차에서 내리려 했는데, 곧바로 어떤 사람이 그의 차에 다가와서 그와 얘기하기 시작했습니다. 나는 다시 차안에 앉아 스스로 따져보기 시작했습니다. 어쩌면 그가 나의 충고를 받아들이지 않을 거라고 생각했습니다. 그는 분명히 형제들을 향한 사랑 안에 행하고 있지 않고, 어쩌면 내 얼굴을 후려칠지도 모를 일이었습니다.

내가 혼자 차안에 앉아 중얼거리고 있는 사이, 그 목사님은 주님께서 내게 보여주신 것을 말할 겨를도 없이 그 현장을 떠나고 말았습니다. 그것이 그를 본 마지막 모습이었습니다. 3년 후 그는 죽었습니다.

나는 성경 곳곳에서 섬기는 은사들을 봅니다. 고린도전서 12장 28절은 하나님께서 이러한 사역들을 교회 안에 두셨다고 했습니다.

고린도전서 14장은 선지자가 말하는 것에 관해 또한 방언과 통역하는 것에 대해 말하고 있습니다.

> 만일 누가 방언으로 말하거든 두 사람이나 많아야 세 사람이 차례를 따라 하고 한 사람이 통역할 것이요 만일 통역하는 자가 없으면 교회에서는 잠잠하고 자기와 하나님께 말할 것이요 예언하는 자는 둘이나 셋이나 말하고 다른 이들은 분변할 것이요 만일 곁에 앉은 다른 이에게 계시가 있거든 먼저 하던 자는 잠잠할지니라   고전 14:27-30

대부분의 순복음 교회나 은사주의 교회들은 예배 중에 방언을 하고 통역을 하는 것을 허락할 것입니다. 그러나 많은 사람들은 선지자의 사역이 부끄러워서 멀리하고 있습니다. 어쨌든, 우리는 이러한 성령님의 나타나심이 모두 성경의 같은 장에 기록되어 있다는 것을 보았습니다. 만약 어느 하나가 삭제된다면, 다른 것들도 역시 그래야 할 것입니다.

주님께서 내게 선지자의 사역에 관해 말씀하실 때, 만약 교회에서 나의 사역을 받아들이지 않는다면, 나는 나만의 길을 가야한다고, 이를테면 그들을 향해 발에 티끌을 떨어버리라고 하셨습니다. 주님께서는 시간이 급하다고 하시며 이 마지막 날에 주님의 일이 속히 이루어져야 한다고 하셨습니다.

주님께서는 베드로전서 4장을 인용하시며 말씀하셨습니다. "하나님 집에서 심판을 시작할 때가 되었나니 … 또 의인이 겨우 구원을 받으면 경건하지 아니한 자와 죄인이 어디에 서리요"(17, 18절).

만일 주님께서 어떤 목사를 위해 내게 메시지나 계시를 주셨다면 나는 그것을 전달해야만 한다고 하셨고, 만일 한 교회나 개인을 위해 내게 메시지를 주셨다면, 그것 또한 전달해야만 한다고 하셨습니다.

어떤 사람들은 개인적인 예언이 성경적이라는 것을 믿지 않습니다. 그들은 선지자가 개인을 위한 메시지를 가질 수 있다는 것을 믿지 않습니다. 이것이 누가가 사도행전 21장에서 말했던 것입니다.

> 이튿날 떠나 가이사랴에 이르러 일곱 집사 중 하나인 전도자 빌립의 집에 들어가서 머무르니라 그에게 딸 넷이 있으니 처녀로 예언하는 자라 여러 날 머물러 있더니 아가보라 하는 한

> 선지자가 유대로부터 내려와 우리에게 와서 바울의 띠를 가져다가 자기 수족을 잡아매고 말하기를 성령이 말씀하시되 예루살렘에서 유대인들이 이같이 이 띠 임자를 결박하여 이 방인의 손에 넘겨 주리라 하거늘 행 21:8-11

선지자의 사역 중 한 면은 하나님을 대신해서 말하는 것입니다. 위에 인용된 성경 구절에서, 아가보가 바울보고 예루살렘으로 가지 말라고 한 것이 아닙니다. 그는 단순히 그곳에서 벌어질 일들을 바울에게 말했던 것이고, 결국 그 일들은 일어났습니다.

선지자들은 예언 가운데 역사하는 지혜의 말씀으로 사람들을 돕고 앞으로 닥칠 일들에 그들을 준비시킬 수 있는 능력을 가지는 것입니다. 하나님께서는 여러 번 이런 식으로 내게 보여 주셔서 개인들을 축복하고 돕도록 하셨습니다. 우리는 오늘날에도 이러한 성령님의 나타나심이 필요합니다.

주님께서 내게 말씀하셨습니다. "만일 내가 한 개인이나 교회 또는 목사를 위한 메시지를 네게 주었지만 그들이 그것을 받아들이지 않는다면 네게는 책임이 없다. 그들의 책임이다. 목사들 중 그것을 받아들이지 않고 강대상에서 넘어져 죽는 사람들이 있을 것이다."

이런 말을 하는 것이 썩 내키지는 않지만, 내가 설교하던 한 곳에서 이런 일이 실제로 일어났습니다. 내가 집회를 마치고 나서 2주가 지나서, 그 목사님이 강대상에서 넘어져 죽었습니다. 나는 그 교회의 집회를 마치고 떠날 때 울면서 그 교회를 떠났었습니다.

나는 다음 집회의 교회 목사님에게 내가 집회를 인도하러 갔던 곳에 대해 얘기했습니다. "그 목사는 강대상에서 넘어져 죽게 될 것입니다." 그리고 얼마 지나지 않아 그는 정말 그렇게 되었습니다. 왜 그랬습니까? 왜냐하면 그 목사에게 주기위해 하나님의 영이 내게 준 메시지를 그가 받아들이지 않았기 때문입니다.

어떤 사람들은 우리 모두가 성령님을 가지고 있기 때문에 (우리가 거듭날 때 우리는 성령을 갖게 됩니다) 신약 시대에는 선지자의 사역이 필요 없다고 생각합니다.

주님께서는 구약시대에 보통 사람들은 성령을 가지고 있지 않았지만, 제사장과 왕과 선지자에게는 성령께서 임하셔서 그들 각자가 그들의 직임을 감당할 수 있도록 하셨다는 것을 지적하셨습니다. 그리고 왕과 제사장에게 성령께서 임하셨음에도 불구하고, 그들은 여전히 선지자에게 찾아가 지도를 받았습니다. 어떤 사람이 성령을 가졌다고 해도, 내가 전에 지적했던 대로, 그것이 그에게 계시의 은사들이 역사한다는 의미는 아닙니다.

주님께서는 계속 선지자의 사역에 관해 나와 말씀하시면서, 내가 사고를 당하기 전날 큰 교회에서 보낸 초청장을 받았다는 것을 기억나게 하셨습니다. 내가 사례비에 관해 아무런 요구도 하지 않았음에도 불구하고 그들은 내가 그들 교회에 오기만 한다면 많은 돈을 주겠다고 약속했습니다. 특히 그 당시는 내가 돈이 몹시 필요한 시기였습니다. 나는 그 목사님에게 편지를 쓰고 그 교회에 가야겠다고 결정했습니다. (주의하고 있지 않으면, 때로 우리는 손쉬운 것들을 택할 것입니다.) 그러나 그 생각을 할 때마다 나는 내 영 가운데 생기 없음을 느끼고 있었습니다. 나중에서야 나는 그것이 성령님께서 나보고 가지 말라고 경고하신 것이었음을 깨닫게 되었습니다. 그것은 성령께서 주신 '정지신호'였던 것입니다. 주님께서는 내가 거기 가는 것을 원치 않으셨는데, 그 목사님이 내 사역을 받아들이지 않을 것이기 때문이었습니다. 나는 시간을 낭비했을 것입니다. 주님께서 내게 계속 말씀하시면서, "나는 네게 그 교회에 가지 말라고 말하고 있는 것이다."라고 하셨습니다.

그리고 나서 주님께서는 내가 작은 교회로부터 초대 받았던 것을 기억나게 하셨습니다. 그 교회 목사님은 나보고 만일 주님께서 그 교회로 인도하신다면 와달라고 청했습니다. 나는 그 목사님의 초대를 거의 잊어버리고 있었지만, 다른 때에는 기도하는 중에 그 초대가 내 마음에 떠오르곤 했습니다. 내가 그 교회에 갈 것인가 생각하고 있을 때, 내 영 안에 좋은 느낌이 초록색 신호처럼 나를 재촉하곤 했습니다. 주님께서는 그것이 바로 내적 증거라고 하셨습니다. 주님께서는 우리가 선지자의 사역에 의해 인도받는 것이 아니라, 보통 내적 증거를 통해 성령님의 인도를 받는다고 하셨습니다. 그리고 내적 증거는 모든 믿는 사람들이 가질 수 있는 것입니다.

주님께서 내 침대 옆에 앉아 계시면서, 내게 말씀하셨습니다. "만일 네가 이 내적 증거를 따라가는 것을 배운다면, 네 인생의 모든 사소한 일들에도 내가 너를 도울 것이다. 만약 내 자녀들이 내게 귀를 기울인다면, 내가 그들을 부유하게 만들어줄 것이다. 나는 그들이 부자가 되는 것을 반대하지 않는다. 나는 그들이 탐욕스럽게 되는 것을 반대할 뿐이다."

나는 그 내적 증거를 따라가는 것을 배워왔고, 내 삶의 모든 부분에서 그것은 내게 축복이 되었습니다.

한번은 어떤 목사님과 그가 내려야 할 결정을 놓고 함께 기도하고 있었습니다. 그는 무엇을 위해 기도해야 할지 정확히 말해주지 않았지만, 우리가 함께 기도하면서, 나는 시편 한 구절을 소리 내어 말하기 시작했는데, 그것은 그에게 메시지로 주신 것이었습니다. 그 메시지는 그가 무엇을 생각해 왔고, 무엇을 기다려 왔는지 그에게 말해 주는 것이었습니다. 이 메시지는 그가 그의 아내에게 얘기 했던 그대로를 한 단어 한 단어 반복해서 말하고 있었습니다. 그는 그의 심령 가운데 증거를 가지고 있었지만, 계속 진행해야 할 것인지는 확실히 알지 못했습니다. 이 메시지는 그에게 필요했던 확증이었습니다. 그것은 그에게서 커다란 짐을 덜어 주었습니다.

주님께서 그날 저녁 내 병실에서 나와 나누었던 대화를 마치시면서, "충성되어라. 너의 사역을 이루어라. 때가 가깝다!"라고 하셨습니다.

그러고 나서는 의자에서 일어나셔서 침대 발치에서 문으로 가셔서 문을 열고 밖으로 걸어 나가셨습니다. 문을 살짝 열어두신 채, 복도를 따라 걸어가셨습니다.

내가 한 시간반전에 다가오는 발자국 소리를 들었던 것과 마찬가지로, 복도를 따라 희미하게 멀어져 가는 주님의 발자국 소리가 들렸습니다.

08

찬양의 강물

주님께서 내게 일곱 번째 나타나신 것은 1962년 12월 텍사스 주의 휴스턴에서 집회를 인도하고 있을 때였습니다. 12월 12일 밤부터, 1950년 나의 첫 번째 환상 가운데 주님께서 어떻게 나타나셨는지 얘기하고 있었습니다.

그 환상 가운데 주님께서 내게 말씀하셨던 것들에 관해 이야기하면서, 주님께서 그 말씀들로 무엇을 의미하셨는지, 그리고 내가 주님께 온전히 순종하는 데에 실패한 부분이 어디인지, 더 분명하게 이해하기 시작했습니다.

곧바로 나는 강단 뒤에 무릎을 꿇었습니다. 나는 울면서 말하기 시작했습니다. "주님 나를 용서하소서. 제가 주님께 온전히 순종하지 않았습니다." 그렇게 무릎을 꿇고 있으면서 나는 무아지경에 빠져들어 갔는데, 마치 베드로가 옥상 위에서 하늘로부터 내려온 네 귀를 맨 보자기를 환상 가운데 보았던 것과 같았습니다(행 10장). 하나님께서는 이방인들을 하나님의 왕국으로 부르도록 이러한 방법으로 베드로를 인도하셨습니다.

정원의 환상

무아지경에 있으면서, 나는 아름다운 꽃이 핀 정원을 보았습니다. 그것은 마치 하얀 말뚝 울타리가 둘러쳐진 정사각형처럼 보였습니다. 거기에는 꽃들이 만발해 있었습니다. 무성한 덩굴장미가 완전히 울타리를 뒤덮고 있어서 마치 전부 꽃으로만 만들어진 울타리처럼 보였습니다. 정원 안에는 굉장히 많은 꽃들이 활짝 피어있었습니다. 정원의 중앙에는 꽃 덩굴로 뒤덮인 정자가 하나 서있었습니다.

이 광경은 너무 화려해서 어떻게 표현할 방법이 전혀 없었습니다. 어떤 말로도 그 아름다움을 설명할 수 없었습니다. 이 꽃들에서 향기가 뿜어져 나와, 그 향기가 수백 겹으로 겹쳐져 향기의 구름을 형성하는 것만 같았습니다.

나는 동쪽에서부터 정원으로 다가가서 문에 다다랐을 때, 예수님께서 거기 계셔서 나를 위해 문을 열어 주셨습니다. 주님께서는 오른 손을 뻗어 내 오른 손을 쥐고 그 정원 안으로 나를 이끄셨습니다. 그리고 주님의 왼손으로 그 문을 닫으셨습니다.

주님께서는 정원을 가로질러 중앙의 정자로 나를 데려가셨습니다. 주님께서는 나를 정자 아래로 이끄셨습니다. 흰 대리석으로 된 의자가 두개 있었는데, 그 정자의 양쪽에 있었습니다. 예수님께서 앉으시며 내게는 정자의 남쪽 편에 있는 의자에 앉도록 권하셨습니다.

내가 주님을 쳐다볼 때, 정원의 서쪽을 볼 수 있었습니다. 나는 주님께 물었습니다. "이것이 무슨 뜻입니까? 이 모든 꽃들은 어떤 의미입니까? 그것들은 무엇을 상징하는 것입니까? 내 평생 이렇게 아름다운 곳을 보거나, 이렇게 기막힌 향기도 맡아본 적이 없었습니다!"

사람들의 강물

강 같은 것이 서쪽에서 정원으로 흘러 들어오는 것이 보였습니다. 정원으로 들어오는 부분에서는 좁아졌다가, 점점 넓어져, 하늘로 솟아오르고 있었습니다. 그 폭이 15미터는 넘었을 것입니다. 그 강물은 정원 안으로 몇 톤의 물을 쏟아 붓는 것처럼 보였습니다.

그때 물이 다른 것으로 변해버렸습니다. 물로 이루어진 강이 아니라 대신에 사람들로 이루어진 강이었습니다! 실크 모자를 쓰고 긴 자락의 코트를 입은 남자들과 야회복을 입은 여자들이 보였습니다. 사업가들은 말쑥하게 잘 맞춰진 양복을 입고 있었습니다. 작업복을 입은 노동자들과 앞치마를 두른 주부들이 보였습니다. 각양각색의 사람들이 보였는데, 그들은 정원 안으로 줄지어 들어오며 모두 찬양을 부르고 있었습니다.

그때 주님께서 말씀하셨습니다. "강물처럼 줄지어 정원으로 들어오는 이 사람들은 네가 '교파적인 사람들denominational people'이라고 부르는, 혹은 순복음 이외의 다른 교파의 사람들이다. 이날에 나는 도처에 있는 갈급한 심령들을 찾아갈 것이다. 어디든 내게 열려있는 심령이 발견되면, 그들이 어느 교회에 속해있건, 나는 곧 그들을 찾아갈 것이다. 내가 방문하리라고는 네가 전혀 생각지도 못했던 곳에도 나는 찾아갈 것이다. 갈급하고 내게 열린 심령들이 있는 곳이라면, 네가 '교파적인 교회'라고 부르는 곳뿐 아니라, 다른 종교에게도 찾아갈 것이다. 나는 그들을 온전한 구원과 성령의 세례로 이끌 것이다.

이 마지막 날에 부름 받을, 하나 되어 흘러들어 올, 그리고 하나 되어 함께 돌아올 이 모든 사람들이 바로 이 강물이다. 이 꽃들의 아름다운 향기는, 마치 예전에 내게 피워 올렸던 향처럼 이 사람들이 하늘로 올려 드리는 찬양이다."

윤곽이 잡힌 나의 역할

주님께서 계속 말씀을 이으셨습니다. "네가 한 부분을 담당해야 한다. 너는 다양한 교단에서 이 사람들과 함께 일하게 될 것이다. 너는 순복음 교회 사람들을 섬겨 그들이 내 재림을 준비하도록 도울 것이다. 내가 네게 무엇을 어떻게 해야 할지 보여주겠다."

그리고 나서 주님께서는 내 손을 잡아드시고는 나와 함께 다시 문으로 걸어가셨습니다. 주님께서는 내 오른 손을 잡으신 채 왼손으로 그 문을 여셨습니다. 내가 그 문을 통과하자 주님께서는 내 뒤로 문을 닫으셨습니다. 내가 문 밖에 나서자, 그 환상이 사라졌습니다.

나는 정신을 차리고 내 얼굴을 강대상 뒤에 기대고 있다는 것을 깨달았습니다. 나는 일어나 내가 본 것을 사람들에게 얘기했고, 그것은 우리 모두에게 축복이 되고 영감을 주었습니다.

1962년 이후 우리는 이 환상이 어느 정도 실현된 것을 보았지만, 아직 완전히 이루어진 것을 보지는 못했습니다. 그 강은 여전히 흐르고 있습니다. 하나님의 강으로 와서 그 물을 마시고 성령님의 충만한 가운데 걸어갈 사람들이 여전히 많이 있습니다. 모든 교회와 모든 나라로부터 그들이 올 것입니다. 우리는 이것이 이루어지는 것을 보고 있으며, 다가올 장래에 그것이 온전히 이루어지는 것을 계속해서 볼 것입니다.

09

천사의 메시지

　여덟 번째로 내가 주님을 본 것은 - 혹은 확대번역성경에서 덧붙인 대로 다음번 '하나님께서 허락하신 출현divinely granted appearance'은 - 1963년 8월에 일어났습니다. 그것은 주로 나 개인을 위한 것이었지만, 어쨌든 내 사역에 관한 것도 포함한 것이므로 여기서 나누고자 합니다.

　이 당시 우리는 8주 연속 집회에 있었는데, 마지막 3주 동안은 한 주에 이틀은 설교 없이 오직 기도만 하도록 구별해 두었습니다. 나는 사람들에게 그날 밤에는 설교가 없고 오직 기도만 할 것이니까 기도할 생각이 없는 사람들은 아예 예배에 오려고 하지 말라고 말해 두었습니다. 그러나 다른 날 밤과 마찬가지로 그날 밤 많은 사람들이 모였습니다.

　하루는 밤에 우리가 모두 기도하고 있는데 (나는 강단 위에서 무릎을 꿇고 있었습니다) 예수님께서 갑자기 내 앞에 나타나셨습니다. 이번에도 주님 뒤편에 1미터 정도 떨어져서 천사 하나가 서 있었습니다. 이 천사는 무척 키가 컸는데, 적어도 2미터 이상은 되어 보였습니다.

예수님께서는 내 사역에 관해 말씀하기 시작하셨습니다. 이 일이 있기 얼마 전에 내 아내가 내 누이에 관해 편지를 보냈는데, 그녀가 얼마 전 의사들로부터 암이 생겼다는 진단을 받았다는 것이었습니다. 나는 예수님께서 나타나시기 전, 내 누이를 위해 기도하고 있었습니다.

주님께서 말씀하셨습니다. "네 누이는 죽지 않고 살 것이다. 당장 죽게 될 위험은 없다." 주님께서는 그녀가 적어도 5년은 더 살 것이라고 하셨고, 정말 그렇게 되었습니다. (그녀가 정확히 5년 후 죽게 되었을 때는 그 당시의 증세로 죽은 것이 아니라 다른 원인으로 죽었던 것입니다.)

메시지를 전하는 천사들

내가 천사를 쳐다볼 때마다, 그는 마치 뭔가를 말하려하는 듯 나를 쳐다봤습니다. 그러나 내가 예수님께 다시 눈을 돌리면,

천사는 아무 말도 하지 않곤 했습니다. 마침내 나는 주님께 말했습니다. "이 천사는 누구이고, 무엇을 나타내는 것입니까?"

"그는 너를 위한 메시지를 가지고 있다." 주님께서 말씀하셨습니다.

"그러나 주님, 주님께서 여기 계시지 않습니까? 주님께서 메시지를 전달하실 수는 없는 것입니까?" (어찌됐건 나는 성경적이고 싶었습니다. 성령님께서 우리의 안내가 되십니다. 그분은 하나님의 말씀과 마찬가지로 우리를 안내하시는 분입니다.) "제가 정말 말씀에 까다로운 사람이란 거 아시지요?"

예수님께서 내게 말씀하셨습니다. "베드로가 감옥에 있을 때, 주의 천사가 와서 그를 깨워 기도의 응답으로 그를 감옥에서 이끌어냈던 것을 성경에서 보지 못했느냐? 사마리아에서 도시 전체에 복음이 크게 전파된 후에 주의 천사가 빌립에게 나타나 가사로 내려가는 길로 가라고 지시했던 것을 기억하지 못하느냐? 그리고 거기서 에디오피아 내시가 침례를 받고 복음을 듣고 에디오피아로 돌아갔던 것을 너는 기억할 것이다.

바울이 황제에게 호소하기 위해 로마로 가던 중에 배에서 주의 천사가 그에게 나타났던 것을 기억하지 못하느냐? 폭풍이 일어, 배와 타고 있던 사람들을 구하려고 배위의 모든 짐이 바다에 던져졌다. 그들이 살아날 모든 희망이 사라졌다.

그때 바울이 일어나 말했다. '내가 너희를 권하노니 이제는 안심하라 너희 중 아무도 생명에는 아무런 손상이 없겠고 오직 배뿐이리라 내가 속한 바 곧 내가 섬기는 하나님의 사자가 어제 밤에 내 곁에 서서 말하되 바울아 두려워하지 말라 네가 가이사 앞에 서야 하겠고 또 하나님께서 너와 함께 항해하는 자를 다 네게 주셨다 하였으니'(행 27:22-24). 천사가 바울에게 지시하지 않았느냐? 그가 바울을 위한 메시지를 가지고 있지 않았느냐?"

또 주님께서는 바울이 예루살렘 성전에서 기도하는 중에 무아지경에 빠져 예수님을 본 때를 생각나게 하셨습니다. 예수님께서 바울에게 말씀하셨습니다. "보매 주께서 내게 말씀하시되 속히 예루살렘에서 나가라 그들은 네가 내게 대하여 증언하는 말을 듣지 아니하리라 하시거늘"(행 22:18). 그리고, 바울이 체포된 후 황제에게 호소하기 전에, 예루살렘의 감옥에 있던 어느 날 밤, 주님께서 그에게 나타나셔서 두려워말라고, 그가 왕들과 권세자들 앞에서 주님의 이름을 증거하게 될 것이라고 말씀하셨습니다.

그러므로 우리는 예수님께서 바울에게 나타나셔서 위로의 말씀들과 지시할 것들을 그에게 주셨음에도 불구하고, 주의 천사 또한 그에게 나타나 지시해 주었던 것을 볼 수 있습니다.

천사의 메시지

 이것을 깨닫고, 나는 주님께 말씀드렸습니다. "좋습니다, 주님, 이제 이해했습니다." 그리고 나는 그 천사를 보고 물었습니다. "당신이 내게 말해야 하는 것이 무엇이오?"

 그가 대답했습니다. "나는 당신에게 말을 전하라고 하나님으로부터 보냄 받았는데, 4달 안에 돈이 들어와 당신이 사무실을 차리고 당신 테이프를 만들어 낼 충분한 돈이 생길 것입니다. 다른 돈들도 들어와 당신 혼자 이 돈들을 관리하게 될 것입니다. 나는 다른 누군가가 당신을 지휘하는 것을 원치 않습니다. 나는 당신의 사역에 있어서 당신에게 말하고 당신에게 지시하겠습니다. 다른 사람이 아니라, 바로 당신이 그 사역의 머리가 될 것입니다. 4달 안에 당신이 이 돈을 갖게 될 뿐 아니라, 다른 돈들도 들어올 것인데, 이는 내 천사들이 지금 돈이 들어오도록 일하고 있기 때문입니다."

 내가 말했습니다. "'나의 천사들'이라니 그게 무슨 뜻이요?"

 그가 말했습니다. "나는 천사들 여럿의 우두머리입니다."

 내게 천사에 관해 가르치시면서, 주님께서는 성경 구절을 지적하셨습니다. "모든 천사들은 섬기는 영으로서 구원 받을 상속자들을 위하여 섬기라고 보내심이 아니냐"(히 1:14).

나는 줄곧 이 구절이 "구원 받을 상속자들에게 섬기라고"라고 배워왔습니다. 그러나 말씀에는 "구원 받을 상속자들을 위하여 섬기라고"라고 되어 있습니다. 여기서 '섬기다minister'라는 단어는 '시중들다wait on' 또는 '봉사하다serve'라는 뜻을 가지고 있습니다. 예를 들어 당신이 레스토랑에 가면 웨이터가 와서 당신에게 봉사하고, 시중들고, 섬기는 것입니다. 다른 말로 하면 그는 당신의 주문order을 기다리는 것입니다.

섬기는 영

주님께서 내게 말씀하셨습니다. "천사들은 섬기는 영으로, 한 사람이 아니라 모든 구원의 상속자들을 섬기라고 보냄 받은 영들이다."

어떤 사람들은 이렇게 물어볼 수도 있습니다. "그런데, 왜 그들은 아무 일도 하지 않습니까?" 그들은 당신의 명령을 기다리고 있습니다. 그것은 웨이터가 당신이 주문하기 전까지는 당신을 위해 아무 일도 할 수 없는 것과 마찬가지입니다!

그 천사가 내게 메시지를 전달한 후에, 주님께서 말씀하셨습니다. "앞으로는 그에게 대답하도록 해라." (나는 그때 그 전의 환상 가운데 주님께서 내 천사가 내게 나타날 것이라고 말씀하셨던 것이 기억났습니다. "제 천사요?" 내가 물었습니다. "그래." 주님께서 설명하셨습니다. "단지 네가 성장했다고 해서 네 천사가 널 떠나지는 않는단다.")

천사가 말했던 그대로, 4천 달러의 돈이 12월까지 들어왔고, 우리는 우리의 사무실을 차리고 아무에게도 얽매이지 않고서도 마음껏 하나님의 일을 하게 되었습니다.

나는 이제 이렇게 말하는 것을 배웠습니다. "섬기는 영들아, 가서 필요한 돈이 들어오게 하라."

하나님께서 오늘날 – 필요하다면 환상을 통해서도 – 우리를 지도하시고 안내하시는 것에 찬양 드립니다. 그러나 그것은 우리의 뜻이 아닌 하나님의 뜻대로 되는 것입니다!

믿음의말씀사 출판물

구입문의 : 031-8005-5483 http://faithbook.kr

■ 케네스 해긴의 「믿음 도서관」 책들
- 새로운 탄생
- 재정 분야의 순종
- 나는 지옥에 갔다 왔습니다
- 하나님의 처방약
- 더 좋은 언약
- 예수의 보배로운 피
- 하나님을 탓하지 마십시오
- 네 주장을 변론하라
- 셀 모임에서 성령인도 받기
- 안수
- 치유를 유지하는 법
- 사랑은 결코 실패하지 않습니다
- 하나님께서 내게 가르쳐 주신 형통의 계시
- 왜 능력 아래 쓰러지는가?
- 다가오는 회복
- 잊어버리는 법을 배우기
- 위대한 세 단어
- 하나님의 은사와 부르심
- 그 이름은 "놀라우신 분"
- 우리에게 속한 것을 알기
- 성령을 받는 성경적인 방법
- 하나님의 영광
- 은혜 안에서의 성장을 방해하는 다섯 가지
- 사랑 가운데 걷는 법
- 바울의 계시: 화해의 복음
- 당신은 당신이 말하는 것을 가질 수 있습니다
- 그리스도 안에서
- 말
- 방언기도의 능력을 풀어 놓으라
- 옳은 사고방식 틀린 사고방식
- 속량 – 가난, 질병, 영적 죽음에서 값 주고 되사다
- 네 염려를 주께 맡겨라
- 예언을 분별하는 일곱 단계
- 절망적인 상황을 반전시키기
- 당신의 믿음을 풀어 놓는 법
- 진짜 믿음
- 믿음이란 무엇인가
- 그리스도께서 지금 하고 계시는 일
- 충분하고도 넘치는 하나님 엘 샤다이
- 금식에 관한 상식
- 하나님의 말씀 : 모든 것을 고치는 치료제
- 가족을 섬기는 법
- 조에
- 당신이 알아야 하는 신유에 관한 일곱 가지 원리
- 여성에 관한 질문들
- 인간의 세 가지 본성
- 몸의 치유와 속죄
- 크게 성장하는 믿음
- 하나님 가족의 특권
- 기도의 기술
- 나는 환상을 믿습니다
- 병을 고치는 하나님의 말씀
- 영적 성장
- 신선한 기름부음
- 믿음이 흔들리고 패배한 것 같을 때 승리를 얻는 법
- 믿음의 선한 싸움을 싸우는 법
- 하나님의 계획과 목적과 추구
- 예수 열린 문
- 믿음의 계단
- 당신을 향한 하나님의 계획
- 역사하는 기도
- 기름부음의 이해
- 내주하시는 성령 임하시는 성령
- 재정적인 번영에 대한 성경적 열쇠들
- 어떻게 하나님의 영으로 인도받을 수 있는가?
- 마이더스 터치
- 치유의 기름부음
- 그리스도의 선물
- 방언
- 믿는 자의 권세(생애기념판)
- 믿음의 양식
- 승리하는 교회

■ E. W. 케년
- 십자가에서 보좌까지 무슨 일이 일어났는가?
- 두 가지 의
- 놀라우신 그 이름 예수
- 하나님 아버지와 그분의 가족
- 나의 신분증
- 두 가지 생명
- 새로운 종류의 사랑
- 그분의 임재 안에서
- 속량의 관점에서 본 성경
- 두 가지 지식
- 피의 언약
- 숨은 사람
- 두 가지 믿음
- 새로운 피조물의 실재

■ 스미스 위글스워스
- 스미스 위글스워스의 천국
- 스미스 위글스워스의 매일묵상
- 위글스워스는 이렇게 했다
- 스미스 위글스워스의 능력의 비밀

■ T. L. 오스본
- 행동하는 신자들
- 기적 – 하나님 사랑의 증거
- 새롭게 시작하는 기적 인생

- 좋은 인생
- 성경적인 치유
- 능력으로 역사하는 메시지
- 100개의 신유 진리
- 24 기도 원리 7 기도 우선순위
- 하나님의 큰 그림
- 긍정적 욕망의 힘
- 당신은 하나님의 최고의 작품입니다

■ 잔 오스틴
- 믿음의 말씀 고백기도집
- 하나님의 사랑의 흐름
- 견고한 진 무너뜨리기
- 초자연적인 흐름을 따르는 법
- 당신의 운명을 바꿀 수 있습니다
- 어떻게 하나님의 능력을 풀어놓을 수 있는가?

■ 크리스 오야킬로메
- 여기서 머물지 말라
- 이제 당신이 거듭났으니
- 당신의 인생을 재창조하라
- 이 마차에 함께 타라
- 그리스도 안에 있는 당신의 권리
- 성령님과 당신
- 성령님이 당신 안에서 행하실 일곱 가지
- 성령님이 당신을 위해 행하실 일곱 가지
- 기적을 받고 유지하는 법
- 하나님께서 당신을 방문하실 때
- 올바른 방식으로 기도하기
- 딩신의 믿음을 역사하게 하는 법
- 끝없이 샘솟는 기쁨
- 기름과 겉옷
- 약속의 땅
- 하나님의 일곱 영
- 예언
- 시온의 문
- 하늘에서 온 치유
- 효과적으로 기도하는 법
- 어떤 질병도 없이
- 주제별 말씀의 실재
- 마음의 능력

■ 앤드류 워맥
- 당신은 이미 가졌습니다
- 은혜와 믿음의 균형 안에 사는 삶
- 하나님의 참 본성
- 하나님은 당신이 건강하기 원하십니다
- 영 · 혼 · 몸
- 전쟁은 끝났습니다
- 믿는 자의 권세
- 새로운 당신과 성령님
- 노력 없이 오는 변화
- 하나님의 충만함 안에 거하는 열쇠
- 더 좋은 기도 방법 한 가지
- 재정의 청지기 직분

- 하나님을 제한하지 마라
- 하나님의 뜻을 발견하고 따라가며 성취하라
- 하나님의 참 본성
- 하나님의 최선 안에 사는 법
- 더 큰 은혜 더 큰 은총
- 리더십의 10가지 핵심요소

■ 기타「믿음의 말씀」설교자들
- 성령의 삶 능력의 삶
- 복을 취하는 법
- 주는 자에게 복이 되는 선물
- 믿음으로 사는 삶
- 붉은 줄의 기적
- 당신이 말한 대로 얻게 됩니다
- 예수–치유의 길 건강의 능력
- 성령 안의 내 능력
- 존 G. 레이크의 치유
- 믿음과 고백
- 임재 중심 교회
- 성령충만한 그리스도인의 지침서
- 열정과 끈기
- 제자 만들기
- 어떻게 교회를 배가하는가
- 운명
- 모든 사람을 위한 치유
- 회복된 통치권
- 그렇지 않습니다
- 당신의 자녀를 리더로 훈련하라
- 오순절 운동을 일으킨 하나님의 바람
- 주일 예배를 넘어서
- 신약교회를 찾아시
- 내가 올 때까지
- 매일의 불씨
- 여성의 건강한 자아상

■ 김진호 · 최순애
- 왕과 제사장
- 새로운 피조물의 실재
- 믿음의 반석
- 새 언약의 기도
- 새로운 피조물 고백기도집(한글판/한영대조판)
- 성령 인도
- 복음의 신조
- 존중하는 삶
- 성경의 세 가지 접근
- 말씀 묵상과 고백
- 그리스도의 교리
- 영혼 구원
- 새로운 피조물
- 믿음의 말씀 운동의 뿌리
- 1인 기업가 마인드
- 내 양을 치라
- 새사람을 입으라